AUL POIRET
Paris.
Joseph
New York.
Madeleine Vionnet
PATRON ORIGINAL
Christian Dior
PARIS
Ossie Clark
FOR radley
PRINT BY Celia Birtwell
SIZE 12-34"/86 CMS
Christian Dior
U.K. REGD.
MADE IN ENGLAND BY
Christian Dior Ltd. London
HALSTON
Mr Freedom
JEANNE LANVIN
PARIS
JACQUES FATH
PARIS
Howard Greer
CUSTOM ORIGINAL
OMME des GARÇO
PIERRE BALMAIN
PARIS
PRINTEMPS-ETE 1958
Christian Dior
PARIS
JPG
PARIS
M
an original
from
Lilli Ann
of san francisco

Bill Gibb
London
Vivienne Westwood
MADE IN ENGLAND ©
Courrèges
paris
A
44486
made in france
LIBERTY
BY Poiret
ISSEY MIYAKE
Mr Freedom
BIBA
GRANNY TAKES A TRIP
100% COTTON
Made in England
Hattie Carnegi
TALIE. FORTUNY DEPOSE MADE IN ITALY.
Paquin
PARIS - LONDON
Emilio Pucci
FLORENCE - ITALY
TO BE HAND WASHED
WITH MILD SOAP
Mr. Fish
17, CLIFFORD STREET
LONDON, W.1.
PHONE 734-9311
MADE PECULIARLY FOR
38
MAINBOCHER
12 AVENUE GEORGE V A PARIS
Jean Paul
GAULTIER
FEMME
MADE IN ITALY

MODA VINTAGE E ALTA-COSTURA

MODA VINTAGE E ALTA-COSTURA

Um panorama de estilistas do século XX, de Paul Poiret a Alexander McQueen

KERRY TAYLOR

Prefácio de Hubert de Givenchy
Prólogo de Christopher Kane

PUBLIFOLHA

SUMÁRIO

Prefácio

HUBERT DE GIVENCHY

Gostaria de agradecer a Kerry Taylor por seu trabalho fundamental de pesquisa entre as mais importantes coleções de moda – particularmente a alta-costura – e pela avaliação dos períodos determinantes em que os criadores produziram roupas magníficas, hoje muito procuradas em função de sua raridade. O apelo da alta-costura não para de aumentar, como podemos notar pelo crescimento do que hoje é chamado "vintage".

Este livro mostra a maravilhosa pesquisa de Kerry Taylor sobre roupas de qualidade. Nestas poucas linhas, eu gostaria, portanto, de ressaltar seu talento e entusiasmo, que admiro tanto quanto seus criteriosos comentários sobre a Givenchy.

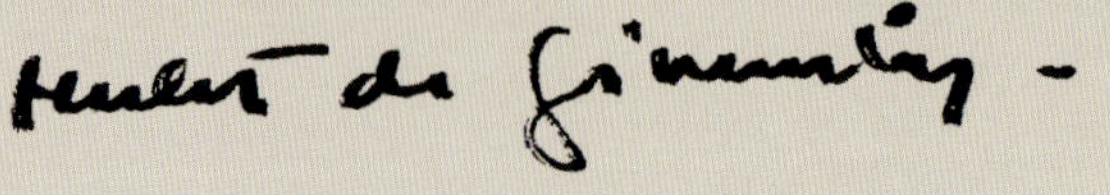

Dior começava seu processo criativo com um desenho a lápis. Givenchy e Madame Grès preferiam partir de um ótimo tecido. Vionnet gostava de drapear o pano em um manequim miniatura, e os protótipos surgiam dali. Como você inicia a criação?
Sempre comecei um novo projeto fazendo desenhos. Não posso pensar em cores, texturas e tecidos antes de esboçar o que me inspira – isso pode ser muito problemático, pois lido com diversos fornecedores e fabricantes que têm prazos rígidos. Para mim, o que realmente funciona é desenhar em frente à TV. As pessoas riem, mas isso me deixa relaxado.

[Elsa] Schiaparelli fazia coleções temáticas sobre assuntos como o circo. Você é um pouco como ela? Suas coleções anteriores incluíram impulsos cerebrais elétricos e Frankenstein. Qual a origem das ideias?
Você não vai acreditar, mas os temas vistos em meu trabalho aparecem nos estágios finais da criação das coleções. É um pouco por acaso: não há ciência ou fórmulas para isso. Cada estação é muito diferente, mas de algum modo tudo se encaixa perto do fim... Então me recordo de algo da infância ou penso em algum personagem de filme.

Nas antigas *maisons* da década de 1950 havia dois desfiles por ano, cada um com quase duzentos modelos batizados individualmente. Parece muito, mas no século XXI temos as coleções de *prêt-à-porter* na primavera/verão e no outono/inverno. Além disso, há linhas *resort*, pré-coleções e importantes semanas de moda em Milão, Nova York, Paris e Londres. É uma quantidade colossal de trabalho. Como você lida com isso?
Acho que não sei fazer mais nada, portanto apenas me empenho. Venho de uma família de trabalhadores com um forte senso de ética. Sinto-me muito feliz ao trabalhar, apesar da trajetória difícil e dos prazos variados. Preciso dizer que, quando olho para trás, não sei como consegui me ocupar da Versus e de minha própria linha ao mesmo tempo. Foi um desafio, mas as recompensas superaram em muito as dificuldades.

Você acha que ainda fará alta-costura? Gostaria de trabalhar nisso?
Espero que sim. Acho o mundo da alta-costura fascinante. É algo para o futuro.

Nada é novo na moda. Em seu trabalho, há elementos que possam ter sido influenciados pelo vintage? Existe alguma década que você admire mais ou que sirva como inspiração? Acho que, na coleção Frankenstein, havia um ar fortemente futurista, como Courrèges na década de 1960. É provável que não tenha sido intencional, mas é o que sinto ao ver todos aqueles tons pastel e prateados.
Adoro olhar para peças de roupas históricas, pois podem ser inspiradoras e levar a novas ideias. Pessoalmente, quero fazer coleções novas; não gostaria de repetir o que outro estilista já fez. Dito isso, amo a década de 1960 por causa do uso inovador de materiais como plástico e metal.

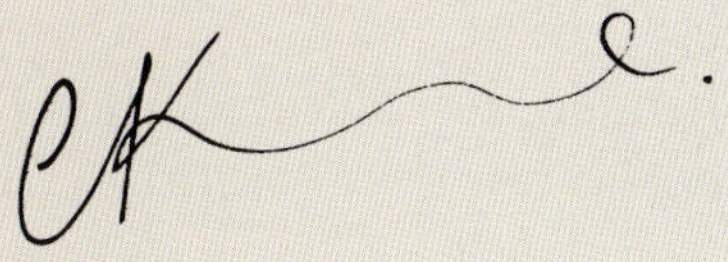

Prólogo

CHRISTOPHER KANE

Meu amor pela moda começou cedo – ainda tenho uma capinha de lantejoulas original da década de 1930 que comprei com o dinheiro da mesada. Lembro-me do encanto do primeiro vestido de melindrosa que tive nas mãos, quando a peça chegou para avaliação na Sotheby's, em 1979: de como as lantejoulas refletiam a luz e do peso diáfano das miçangas. Parecia capturar um momento perdido no tempo. Manipulei centenas de vestidos desde então, mas ainda os considero fascinantes, em especial quando trazem uma etiqueta de grife escondida na costura. Tive o prazer de lidar com vestimentas antigas de Charles Frederick Worth e com exemplares de estilistas ultramodernos do século XXI, como Junya Watanabe, além de tudo o que foi produzido nesse meio-tempo. Foi um privilégio mexer com coleções que tiveram um único dono, como os guarda-roupas do duque e da duquesa de Windsor, da honorável Daphne Guinness, de Jerry Hall e Marie Helvin, assim como peças históricas que pertenceram a Marilyn Monroe, Elizabeth Taylor e Ava Gardner. Especiais, porém, são as vestimentas em si, mesmo sem essas procedências ilustres.

Não foi possível incluir exemplos de todos os principais estilistas neste livro, e, por isso, peço desculpas desde já. Tentei, entretanto, dar uma visão do mercado como um todo e, quando possível, usei como exemplos peças que vendi em leilões.

O que é vintage?

Para mim, é toda vestimenta que tem idade, beleza e um design impressionante. Muito do que aparece descrito como "vintage" não passa de roupa de segunda mão, com uma etiqueta que justifique o preço alto. "Alta-costura" é outro termo usado com displicência e, às vezes, de modo incorreto, para designar o *prêt-à-porter* de estilistas famosos. A alta--costura é a forma mais aprimorada da moda, uma excelência em design, tecido e confecção (com costuras finalizadas à mão).

O declínio da alta-costura no século XXI

Yves Saint Laurent produziu sua última coleção de alta-costura em 2002; Valentino, em 2008. Hoje, Karl Lagerfeld (para a Chanel), Raf Simons (para a Dior) e Jean Paul Gaultier mantêm linhas de alta-costura, mas a quantidade de clientes dispostas a pagar o preço dessa exclusividade é relativamente pequena comparada à década de 1950, quando o gênero era mais acessível e muito mais usado. Como tão pouca alta-costura é produzida atualmente – e porque as habilidades tão prezadas ao longo dos tempos têm se perdido em meio ao desgaste da prática –, peças vintage da primeira metade do século XX, feitas de tecidos nobres com acabamento e adereços aplicados à mão, são ainda mais cobiçadas. Há um estoque limitado de itens antigos, mas o número de colecionadores não para de crescer. Por se tornarem mais raras a cada ano, as roupas também se valorizam, e a alta-costura vintage só aumenta em importância à medida que as vestimentas de referência do século XX ficam cada vez mais difíceis de encontrar.

Quem compra peças vintage?

O mercado para as boas roupas vintage cresceu rapidamente desde o começo dos anos 2000. Sempre houve colecionadores sérios que veem esse tipo de produto como investimento e manifestação artística – mas não são muitos. O principal grupo que aumenta a procura é formado por quem quer usar as peças. A moda vintage é valiosa, em geral é de boa qualidade e sempre se destaca quando comparada ao que é vendido no varejo. Ao vestir vintage nos tapetes vermelhos, Kate Moss e as estrelas de Hollywood também incentivaram a procura.

Bailes e jantares ligados à moda atraem multidões e arrecadam fundos necessários para os museus; os principais eventos do gênero contribuem para uma alta no preço de peças de determinados períodos ou estilistas. Além disso, as próprias grifes ficam ávidas por adquirir itens de seu passado, não apenas para registrar sua história, mas para dar prestígio à marca.

Vintage como inspiração

De maneira consciente ou não, estilistas contemporâneos inspiram-se em roupas vintage e reinterpretam *looks* antigos. Desde

Introdução

KERRY TAYLOR

a década de 1990 não há de fato nenhum estilo dominante, e modismos recentes, como o hippie-chique, as ombreiras dos anos 1980 e os vestidos de miçangas à moda dos anos 1920, incorporaram elementos vintage.

Na década de 1950, um estilista preparava apenas dois desfiles de alta-costura por ano, com centenas de modelos em cada um. O profissional moderno, ao contrário, precisa lidar com duas coleções *prêt-à-porter*, pré-coleções e linhas *resort* e de acessórios. Alguns criam peças femininas e também masculinas. Essa busca incessante por novas ideias muitas vezes leva os estilistas ao vintage em busca de inspiração – para um acabamento, a modelagem de uma manga ou a construção de um vestido. Uma faixa com miçangas ou um bordado da alta--costura podem despertar para um novo tema ou padrão que será reinterpretado de maneira nova e contemporânea. De vez em quando, vestimentas inteiras são copiadas, com o acréscimo da etiqueta da grife moderna. Felizmente, essa é a exceção, e não a regra.

Acima, conjunto Jean-Pierre Grédy, de Christian Dior, 1952: blusa fúcsia de chiffon de seda com decote de fichu sobre saia preta de tafetá.

Em busca do vintage

Mesmo hoje em dia, encontro clientes que descobriram um valioso tesouro da alta-costura em uma venda de garagem ou um mercado de pulgas. Este livro põe em evidência algumas dessas preciosidades, entre elas o vestido de renda estampado Chanel, de 1928, comprado num lote por £ 150 (US$ 240; p. 39), e o vestido Schiaparelli resgatado de um baú cheio de traças.

Um de meus maiores prazeres é revirar uma coleção de roupas, encontrar a etiqueta escondida em um vestido, reconhecer o design visto em acervos fotográficos ou identificar uma peça de alta-costura por meio de sua construção e acabamento. Fiz descobertas incríveis em baús esquecidos em sótãos, e hoje várias dessas peças estão em museus ou importantes coleções particulares no mundo todo. Tenho um imenso prazer em vê-las expostas em toda a sua glória, sabendo que desempenhei um papel no resgate.

Observação sobre estimativas de preço

Ao longo do livro, incluí códigos que dão uma ideia do valor atual de diferentes peças. Consulte a p. 224 para mais detalhes.

19

Introdução

COMEÇA O SÉCULO XX

"Foi em nome da liberdade que decretei o fim do corselete e a adoção do sutiã – que, desde então, ganhou o dia."
Paul Poiret

A corte do rei Eduardo VII vivia em uma era de opulência, com roupas requintadas e caras, feitas de rico brocado e cetim, com muita renda e bordado. O ideal feminino era corpulento, curvilíneo, com espartilhos que projetavam os seios, formando um "bloco" de peito sobre a cintura minúscula. No começo do século XX, as vestimentas compunham-se de corpetes e saias separados – o vestido princesa, uma peça única, surgiu por volta de 1905. Hoje, o que resta são quase sempre os corpetes, pois as saias foram destruídas para o aproveitamento de tecido durante as duas guerras mundiais. Por volta de 1900, os principais estilistas trabalhavam para as casas francesas Worth, Vionnet, Lanvin, Lucile, Paquin, Doucet, Redfern, Callot, Rouff, Boue Soeurs, Chéruit, Pingat e Poiret. Encontrar boas peças do período entre 1900 e 1910 é difícil – para melhorar o caimento, elas eram tratadas com um método que causava a desintegração do tecido. Mesmo que o exterior continuasse em bom estado, o forro geralmente se deteriorava.

A mulher eduardiana, influente e refinada, passava o tempo trocando de roupa: um robe ao acordar, um vestido matinal e outro para a tarde, uma veste à moda oriental para a hora do chá – o corselete era removido às 17h para ela receber os amigos, tomar chá e fumar um cigarro – e um vestido para a noite (com corselete) ou de baile. Os decotes para o dia eram altos, com golas aramadas, e a cintura mais baixa na frente do que nas costas, camadas de anáguas rendadas, *chemises* [roupa de baixo], calçolas, meias de seda e cinta-liga. A "garota Gibson", criada pelo desenhista americano Charles Dana Gibson, resumia a aparência curvilínea.

De modo geral, em 1907 a linha da cintura deixou de ser mais levantada atrás do que na frente e passou a ocupar a posição natural. Em 1908, as silhuetas tornaram-se mais verticais. *Tailleurs* inspirados em modelos masculinos, para o dia, eram usados com frequência (principalmente pelas sufragistas), e chapéus, muitas vezes adornados com flores e penas, cresceram em largura e altura. Regalos, boás, estolas e botas na altura dos joelhos eram populares. Casacos amplos de linho e seda eram usados para andar de carro, acompanhados por óculos de proteção ou viseiras e chapéus grandes presos com echarpe.

Mudança de gosto

Com a morte de Eduardo VII (1910), a moda ficou mais jovem, com o busto natural sobre uma saia justa de forma tubular e barra tão estreita que os modelos foram chamados de "entravados". Com o início da Primeira Guerra Mundial, as cinturas desceram e se alargaram, as saias tornaram-se mais rodadas, acima do tornozelo, e os vestidos de noite tinham faixas drapeadas e longas caudas estreitas. Em 1916, o sutiã substituiu o espartilho; camisetes e saias tinham largas faixas de pano grosso na cintura, geralmente com pequenas etiquetas para identificar o fabricante. Golas marinheiro e detalhes militares são muito encontrados em roupas do período da guerra, e, em 1917, as saias eram mais largas e evasê ou tinham a silhueta em forma de barril, já que as mulheres adotaram o trabalho masculino. Em 1918, o peito perdeu a definição, pois o interesse foi direcionado aos tornozelos e às pernas. É difícil encontrar vestidos longos e seus sucessores imediatos em boas condições – mas os que existem ainda são relativamente baratos. A não ser que exibam a etiqueta de uma grande grife, são subestimados e têm preço baixo.

Abaixo, etiqueta da Worth, parte do cós de um vestido longo, c. 1900.

Direita, casacos e capas, 1908: ilustração de *Les robes de Paul Poiret,* de Paul Iribe.

PAUL
IRIBE
A.D.

Esquerda para a direita, vestido de baile, da Worth, c. 1900: cetim adamascado cor-de-rosa com recortes laterais decorados com contas e mangas bordadas com fio metálico e strass. (L) Frente e verso de vestido de seda estampada, atribuído a Poiret, c. 1912: crepe da China cinza em saia drapeada pendente nas laterais e arrematada com borlas de seda na mesma cor. (M)

Abaixo, vestido para a noite da casa Madame Ernest Ltd, feito de gaze de seda e cetim cor de canela com saia entravada, c. 1910. (L)

Direita, Camille Clifford – a "garota Gibson" original –, 1905. No começo do século xx, a forma de ampulheta e o penteado superalto definiam o ideal de beleza feminina.

O inesquecível estilista francês Paul Poiret (1879-1944) trabalhou para Jacques Doucet e para a Maison Worth antes de inaugurar seu próprio estabelecimento, em 1903, quando a clientela incluía Lillie Langtry, Sarah Bernhardt, Isadora Duncan e Nancy Cunard.

Poiret leva a fama de ter libertado as mulheres dos espartilhos, defendendo linhas mais naturais (embora às vezes levemente estruturadas). Com organdi branco, produziu adoráveis vestidos-coluna que tinham toques de cores brilhantes, como listras e debruns cor-de-rosa forte, ou belos detalhes de bordados orientais. Seus desenhos românticos e neoclássicos foram reproduzidos em estênceis de muita qualidade feitos por Georges Lepape e Paul Iribe para os livros *Les choses de Paul Poiret* (1911) e *Les robes de Paul Poiret* (1908) e também para a revista de moda *La Gazette du Bon Ton* (1912-25) – todos são colecionáveis.

Influências estrangeiras

Em contraste com a silhueta predominante, em forma de S, os vestidos de Poiret têm uma elegância enxuta. Muitas criações do início baseavam-se em vestimentas cortadas de maneira simples, retângulos drapeados à moda dos quimonos japoneses, caftãs do norte da África e quitões gregos. Seus *chemises* tubulares e alongados tornaram-se um modelo para os vestidos da década de 1920. Nos anos 1910, as peças eram usadas com faixa alta na cintura. Seus casacos de veludo para a noite (alguns com estampas de cores vibrantes feitas por Raoul Dufy de veludo marfim) envolviam e dobravam-se ao redor do corpo. Ele repetiu a silhueta casulo em casacos para a noite feitos de diversos tecidos suntuosos.

Poiret amava materiais estampados, em particular com motivos de rosas, e encomendou a Paul Iribe o padrão de uma seda para ser confeccionada pelo fabricante lionês Bianchini-Férier. A rosa de Iribe enfeitou as etiquetas de cetim da grife a partir de 1908 – as mais antigas (1903-08), hoje raras, traziam apenas a inscrição "Paul Poiret, rue Pasquier, 37, Paris".

Muito influenciadas pela companhia Ballets Russes, comandada por Diaghilev, as roupas de Poiret quase sempre se valiam de vívidas combinações de cores. Quando o balé *Scheherazade* estreou em Paris, em 1910, com o design orientalista de Léon Bakst, Poiret adotou seu esquema de cores luminosas e dissonantes, como púrpura com laranja ou rosa-choque com azul, em uma reação aos tons pastel apagados, populares nas criações de sua rival Lucile.

As roupas para a noite mostravam uma profusão de damascos coloridos, veludos e lamês. Os modelos do início são, muitas vezes, grosseiramente arrematados por dentro (de 1920 em diante, apresentam melhor acabamento, nos padrões da alta-costura), mas por fora são uma gloriosa e eclética mistura de bordados, lamê, veludo e cetim. Assim como o amor pelo Oriente, exemplificado por tecidos exóticos e turbantes de alta-costura, a teatralidade e a exuberância foram seus diferenciais.

De cetim marfim e preto, bordado com rosas de miçanga e com uma argola que suspendia a barra, o vestido Sorbet (1913) tinha uma faixa contrastante, ao estilo do *obi*, e uma espécie de calça harém ou saia drapeada. Devido à frágil natureza dessas vestimentas com saias circulares e aspecto de luminária, apenas três parecem ter sobrevivido: estão nos museus Victoria & Albert [Londres], Fashion Institute of Technology (FIT), em Nova York, e Chicago Historical Society.

Muito imitado, em especial nos Estados Unidos (até com o uso de etiquetas falsas), Poiret lançou uma linha mais econômica em 1917. Ao lado de Lucile, foi um dos primeiros estilistas a assinar acordos de licenciamento nesse país, encorajado pelo declínio de seu negócio na década de 1920. Em público, acusou os confortáveis conjuntos de cardigã criados por Coco Chanel de serem *pauvreté de luxe* (pobreza de luxo) – ironicamente, ela adotou a liberdade e o conforto apregoados primeiro por ele. Com a falência decretada em 1928, o estilista trabalhou como *freelancer* para Printemps e Liberty, mas encontrou dificuldade em produzir roupas dentro do orçamento. Os dias de glória do "rei *fashion*" chegavam ao fim. As roupas maravilhosas nos fazem lembrar sua genialidade, e algumas estão entre as peças mais cobiçáveis de toda a alta-costura.

De cima para baixo, etiqueta com a inscrição "Paul Poiret a Paris" e a rosa criada por Iribe. A comediante francesa Cora Laparcerie usa o vestido lâmpada, Le Minaret. A modelo Denise Poiret (Boulet, em solteira), mulher de Poiret, exibiu a primeira versão dessa peça em uma festa das 1.001 noites, em 1911. O traje combina vestido, calça harém e turbante com penacho.

PAUL POIRET

Abaixo, vestido orientalista de lamê cor de bronze, de Paul Poiret, c. 1922. O tecido foi levemente drapeado e preso com um medalhão elaborado com bordado e pedrarias. (W)

"Sou um tolo quando sonho em colocar arte nos meus vestidos ou quando digo que fazer roupas é uma arte?" *Paul Poiret*

Centro, o raro e impecável vestido de baile Carresaute, de 1904, feito de chiffon azul-turquesa com detalhes de renda clara e rosas de seda. *Abaixo*, detalhes do Carresaute: sob o chiffon, são vistas faixas de bordado verde e prata; na 3ª foto, etiqueta de cetim marfim com a inscrição verde-limão "Lucile Ltd., 23 Hanover Sq., London W". Na 2ª foto, etiqueta "Lucile Ltd., 23 Hanover SQ W." em vestido de veludo, de 1913. (U)

Direita, modelo posa inspirada em cariátide: túnica bordada, fechada por cinto com aplicações, sobre vestido de chiffon, criação de Lucile, 1912.

LUCILE

Acima, vestido de noite, de veludo verde-jade, c. 1912-13. (N)

Lucile (ou *lady* Duff-Gordon, 1863-1935) foi uma mulher de negócios pioneira. Ela entendeu desde cedo a importância do mercado americano, instalando prósperos estabelecimentos em Nova York e Chicago e fazendo acordos de licenciamento com a Sears, Roebuck, para vender linhas mais acessíveis por meio de catálogos.

Bem relacionada, divertida e criativa, tornou-se uma espécie de figura *cult*. Começou a carreira na costura em Londres, primeiro como mme. Lucy Wallace, depois Maison Lucile na década de 1890, em seguida Madame Lucile e, finalmente, apenas Lucile. Seu título de nobreza (ela casou-se com *sir* Cosmo Duff-Gordon em 1900) ajudou, em particular, as vendas nos Estados Unidos.

Ela batizava suas "roupas de emoção" com nomes sugestivos, como Ame Enquanto Pode ou A Enganosa Alegria da Juventude. Camadas de tecidos diáfanos, muitas vezes com forros de seda lustrosa rosa-pálido, para sugerir nudez, davam origem a vestidos muito femininos e esvoaçantes, com debruns bordados metalizados, galões prateados, botões de rosa de seda ou leves sobreposições de renda. Sempre que achava necessário, Lucile também gostava de usar pele como arremate. Para trabalhar, porém, usava vestidos simples de jérsei de lã preta. Dois de seus talentosos assistentes foram Howard Greer e Edward Molyneux. O jovem Norman Hartnell mandou desenhos para sua avaliação – ela os roubou e publicou como se fossem de sua autoria.

Em 1912, a clientela de Lucile incluía a realeza, celebridades e damas da sociedade. Seus negócios internacionais prosperavam quando ela e o marido viajaram no *Titanic*. Ambos sobreviveram ao desastre, mas acusações de que *sir* Cosmo teria subornado a tripulação em troca de um bote salva-vidas arruinaram sua reputação. Na década de 1920, as criações de Lucile saíram de moda; entre 1921 e 1924, seus estabelecimentos fecharam, e ela foi à falência. Em 1928, fundou a grife Court Dressmaker, que durou apenas quatro anos.

Todas as peças de Lucile são muito cobiçadas, mas os tecidos, muito finos, aparecem geralmente em condições frágeis ou desgastadas. Sua raridade a torna procurada por historiadores de moda e colecionadores de memorabilia do *Titanic*.

"Fui a primeira estilista a trazer alegria e romance às roupas: uma pioneira."
Lucile

Atemporais e artesanais, as roupas de Mariano Fortuny poderiam ser usadas ainda hoje, da mesma forma como quando surgiram. Inicialmente adotadas por artistas e mulheres modernas que queriam fugir do lugar-comum da moda, são criações fluidas e deslumbrantes.

Nascido em uma família influente de Granada, na Espanha, Mariano Fortuny (1871-1949) herdou o amor paterno pela arte e pelos tecidos. Foi um talentoso inventor, cientista, pintor, escultor, arquiteto, engenheiro de luz e fotógrafo. Mudou-se para Veneza aos 18 anos e lá permaneceu até o fim da vida. Começou a fazer experiências com tecidos em 1907. Seu vestido Delphos era uma coluna de seda pregueada e plissada com cordões no pescoço e nos ombros e costura lateral enfeitada por contas feitas à mão (o peso mantinha a roupa no lugar). Um cinto opcional, dourado ou prateado, também podia ser usado. Mais exclusivo, o vestido Peplos, de seda pregueada, tinha uma túnica sobreposta que caía nas laterais em pontas com miçangas. A seda (do marfim ao preto, passando por rosas, azuis, verdes, púrpuras intensos, dourados e tons profundos de canela) era tingida à mão com corantes vegetais no estúdio da casa de Fortuny, o Palazzo Orfei.

Acredita-se que os tons rosa-dourados tenham sido os mais populares, pois sobreviveram em maior quantidade – e porque cores intensas e menos comuns em geral têm maior valor que os tons pastel. O estilo dos vestidos não mudou entre 1910 e 1930, e, por isso, pode ser difícil datá-los com precisão. Costumam trazer o nome Fortuny gravado no cinto (se ainda existir) ou na ourela interna de costuras laterais ou cavas. Para o verão, Fortuny também produzia sobretúnicas Knossos de gaze de seda estampada com estêncil em cores contrastantes.

Seus veludos e sedas suntuosos revelam um verdadeiro gênio. Ao lado de paletós, casacos e vestidos de seda estampada com estêncil, ele produzia tecidos para móveis e decoração. Os padrões eram em geral inspirados na Antiguidade e em suas coleções de rendas e tecidos. Os vestidos de veludo com estênceis dourados e prateados, costuras laterais e mangas internas plissadas são valiosos, pois combinam as pregas do Delphos com um tecido fabuloso. Essas peças ao estilo da Renascença geralmente trazem etiquetas circulares, assim como casacos e paletós. As capas com capuz e os paletós com recortes decorados com estêncil também estão entre as roupas mais cobiçadas.

Seguidores e influências

Na década de 1920, Fortuny transferiu a produção para uma fábrica em Giudecca. Também fez enorme sucesso nos Estados Unidos. Logo atraiu seguidores, como Maria Monaci Gallenga (1880-1940), sediada em Roma, que usava veludo com estênceis prateados ou dourados. O trabalho da estilista tinha menor escala e muita imaginação, mas não apresentava a mesma intensidade de tons e maciez de tecido. Ela usava miçangas de vidro na orla das vestimentas e às vezes assinava seu nome na estampa. A grife Babani, de Paris, também fazia túnicas – vestidos simples de seda, à maneira dos quitões – e casacos no estilo dos caftãs, mas costumava enfeitá-los com pequenas correntes de fios dourados e prateados em vez de criar estampas com estêncil.

As vestimentas Fortuny são imediatamente reconhecíveis e dão à usuária a aparência de alguém com dinheiro, gosto e estilo. O calor do corpo pode fazer com que as pregas se desfaçam para sempre sob os braços e na altura das nádegas; a seda finíssima é vítima de saltos pontudos, portanto as barras devem ser examinadas em busca de orifícios, ainda que mínimos. Qualquer dano reduz o valor das peças de forma drástica.

As décadas de 1960 e 1970 renovaram o interesse na marca, com diversas retrospectivas importantes. Fortuny era um artista – seu olho meticuloso e sua noção de cores, ainda que imitados, nunca encontraram páreo.

Abaixo, casaco para a noite preto, de veludo estampado com estêncil, padrões dourados com ornamentos de folhagens, c. 1910-20, com etiqueta circular (no detalhe). As largas mangas com recortes são unidas por contas listradas de vidro de Murano. (R)

MARIANO FORTUNY

Abaixo, paletó de veludo vermelho estampado com estêncil, c. 1920-30: etiqueta circular, modelagem seca e alongada com influência oriental, punhos pontudos e curvados, frisos cinza e abotoamento com contas listradas de vidro de Murano cinza. (P)

Direita, vestido Delphos salmão de mangas curtas, c. 1920-30: ourela interna com inscrição "Fabriqué en Italie, Fortuny Deposé, Made in Italy"; os ombros são adornados com amarrações e contas de vidro de Murano. (S)

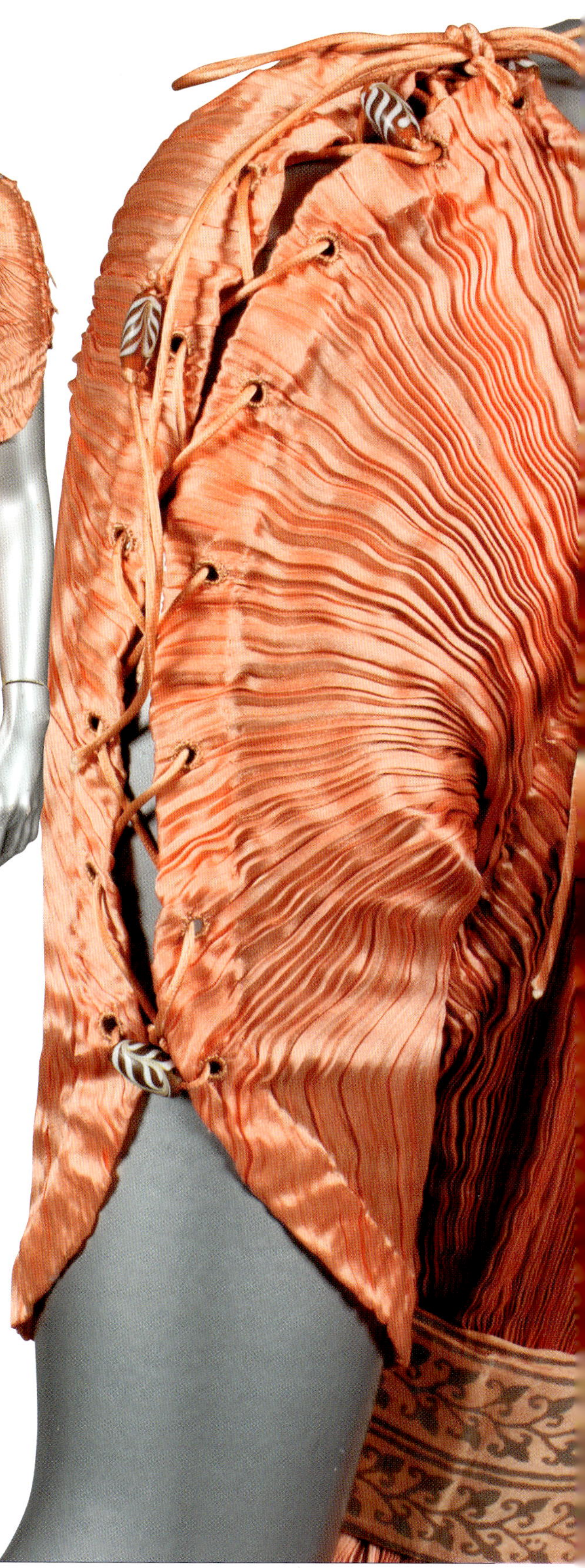

"Os tecidos são requintados; as cores, amadas por pintores; as formas, admiradas por escultores." *Belle Whitney, socialite americana, sobre Fortuny*

O final do século XIX e o início do século XX viram uma invasão de "*dollar princesses*" [jovens milionárias] – belas herdeiras de ricos empresários americanos em busca de maridos aristocratas (em geral donos de propriedades, mas sem dinheiro).

Houve diversas alianças notáveis. Jennie Jerome concordou em se casar com o lorde Randolph Churchill, elegante e jovem membro do Parlamento, depois de apenas três dias; Consuelo Vanderbilt tornou-se duquesa de Marlborough; Mary Goelet, duquesa de Roxburghe; Consuelo Yznaga, duquesa de Manchester; Winnaretta Singer, herdeira do império de máquinas de costura, casou-se com o príncipe de Polignac, francês. Mary Leiter (1870-1906), filha de um magnata do varejo de Chicago, porém, sem dúvida fez o melhor negócio ao unir-se com George Curzon, filho mais velho do lorde Scarsdale e vice-rei da Índia.

Mary Leiter era conhecida pela beleza, inteligência e estilo. O casal ficou noivo em segredo e casou-se em Washington D.C., em 1895. Ele a presenteou com diamantes Kedleston, e o vestido de noiva foi feito pela grife preferida de Mary: a Worth, em Paris. De cetim marfim, com adornos de renda antiga e uma longa cauda, foi descrito como "a própria simplicidade" pelo *Chicago Tribune*. Mas a Maison Worth, um dos mais caros estabelecimentos de alta-costura, era famosa pelos generosos enfeites e pelo uso da melhor seda – deve ter sido, portanto, exatamente o contrário da aparente "simplicidade".

No baile oficial que celebrou a coroação do rei Eduardo VII, Mary – então vice-rainha da Índia – usou uma roupa Worth magnífica que se tornou conhecida como vestido Pavão.

Esquerda, Mary Victoria Leiter, marquesa Curzon em seu vestido Pavão (óleo sobre tela, 1909), de William Logsdail (1859--1944). A Maison Worth produziu o famoso vestido Pavão em Paris, mas a peça foi bordada por artesãos indianos. O tecido de fundo, dourado, foi coberto com bordado brilhante e penas de pavão adornadas por contas – os "olhos" eram feitos de asas de besouro azuis e verdes. *Abaixo*, etiqueta de cetim "Reville & Rossiter" na cintura de um vestido azul-claro de 1911. *Página ao lado, esquerda para a direita*, vestido listrado de veludo púrpura, c. 1905, com corpete de renda guipure e cauda na saia. (L) Vestido de cetim azul-claro com brocado prateado de Reville & Rossiter, c. 1911: corpete adornado com renda e pedrarias. Originalmente usado por Lewis Harcourt, uma das "*dollar princesses*". (M) Vestido de baile feito de renda e paetês das Callot Soeurs, c. 1908: rendas Bedfordshire Maltese e guipure, cor de creme. (L)

Ícone de estilo

BARONESA CURZON DE KEDLESTON

"Na Inglaterra, as mulheres americanas eram vistas como criaturas estranhas e anormais, com hábitos e modos entre uma índia e uma corista." *Jennie Jerome, milionária americana*

O que a baronesa Curzon usava? ** Vestidos repletos de detalhes da Maison Worth * Camadas de lingerie rendada e bordada Lanvin * Diamantes Kedleston*

19

20

Introdução

OS RUIDOSOS ANOS 1920

"Tudo o que dizíamos era 'Amanhã podemos morrer, então vamos ficar bêbados e fazer amor'." *Lois Long*

Década de exageros, exuberância e celebração após a devastação causada pela Primeira Guerra Mundial, os anos 1920 foram a época das garotas desobedientes. Elas trocaram os longos cabelos por refinados cortes curtos, fumavam cigarros em piteiras, usavam longos colares com um característico nozinho e dançavam o charleston ao som do último sucesso do jazz tocado em vitrolas portáteis. Espartilhos apertados, cintura fina, seios volumosos e camadas de renda e anáguas da era eduardiana foram banidos em favor do *look garçonne*, tubular, e não mais ampulheta. O bronzeado foi popularizado por Coco Chanel, e a estética era casual e jovem, com um quê masculino – as gerações mais velhas, porém, ainda se vestiam no que era, em essência, a moda eduardiana.

A silhueta da época priorizou bainhas e a linha da cintura. Como marcar os seios e a cintura não era mais requisito, o olhar se desviava para os tornozelos e – à medida que a década avançava e as barras subiam – para as pernas. No começo da década de 1920, os vestidos para dia e noite terminavam acima dos tornozelos ou abaixo da panturrilha, e a linha da cintura foi levemente deslocada para baixo. Em 1922, a linha da cintura aparecia na altura do quadril com festões, recortes esvoaçantes e drapeados laterais. A descoberta da tumba de Tutancâmon, em 1923, inspirou belos vestidos com miçangas em estilo egípcio, muitas vezes estampados com pequenos faraós e hieróglifos. Outro modismo foi a *chinoiserie*, o gosto por elementos chineses: paletós e casacos bordados eram usados em eventos noturnos, e vestidos de alta-costura foram produzidos em estilo orientalista por estilistas como Poiret, Patou e Callot. Em 1925, as barras subiram até abaixo do joelho, e alguns costureiros, como Patou, começaram a reintroduzir o conceito de cintura marcada na posição natural. Em 1926, a maioria das saias atingia confortavelmente o joelho, refletindo a emancipação feminina cada vez mais crescente. De 1927 a 1928, as saias ficaram mais evasê, e a cintura desabada tornou-se um detalhe, com barras que caíam nas laterais ou alongadas em uma "cauda pavão" e bainhas irregulares. Em 1929, as barras mais longas, de comprimento irregular, podiam trazer belas pregas.

As roupas para a noite eram feitas de veludo colorido e crepe da China – pedrarias, paetês e bordados sobre um fundo colorido foram usados ao longo de toda a década. Apesar do peso, esses vestidos não limitavam os movimentos e davam suporte ao maravilhoso padrão geométrico então em voga. Repletas de detalhes, pedrarias e bordados, as peças podiam ser muito caras (principalmente os modelos de alta-costura bordados por Lesage), mas em Paris já havia muita gente produzindo versões *prêt-à-porter*. Muitas dessas vestimentas sobreviveram porque, em lugar das caras bases de seda e chiffon (que se desintegraram com o peso das miçangas), tinham suportes de musselina, mais resistentes. Podem trazer pequenas etiquetas vermelhas e brancas com a inscrição "Made in France" e, caso apresentem design *art déco*, chegam a ser bem caras – vestidos com miçangas, de uma única cor, ainda são relativamente baratos.

Abaixo, esquerda, bolsinha de baquelita *art déco* e piteira com ponta pintada de verde. (C)

Abaixo, vestido com padrão teia de aranha, de paetês, com "cauda pavão", c. 1927-28: espetacular, mesmo sendo *prêt-à-porter*. (L)

Direita, na ilustração, jovem com vestido de crepe branco e cardigã em estilo marroquino, de Jean Patou, 1924.

Em meados da década de 1920, eram populares os lamês e as tramas metálicas, algumas vezes combinados a estampas florais. Veludo estampado com base de chiffon dava origem a vestidos para a noite e capas para a ópera. Capas e casacos tinham gola grande, geralmente acolchoada ou com acabamento de pele.

Para o dia, conjuntos de duas peças de malha de seda ou jérsei eram muito populares, muitas vezes com motivos *art déco* e saias simples, pregueadas. Cardigãs despretensiosos e suéteres com saias retas foram produzidos por grifes como Chanel e Patou, cujas roupas diurnas de inspiração casual e esportiva influenciavam cada vez mais os trajes para a noite.

Os criadores

As principais etiquetas eram Chanel, Patou, Lanvin, Vionnet, Callot, Louiseboulanger, Prémet, Molyneux, Gallenga, Fortuny, Augustabernard e, menos importantes, Paquin, Doucet, Chéruit e Worth. Paul Poiret, que reinara absoluto na primeira metade do século, não conseguiu se modernizar e adaptar suas criações opulentas e caras, portanto já não se destacava.

Acessórios

O pequeno chapéu sino foi usado durante todo o período, até o começo da década de 1930. Luvas muito coloridas tornaram-se populares nos anos finais. Para o dia, a bolsa-carteira de couro combinava com sapatos bicolores ou de *lézard* [pele de lagarto]; para a noite, bolsinhas de veludo macio tinham suporte de celuloide ou fecho de pedras em estilo *art déco*. Sapatos para a noite de brocado metálico, couro dourado ou prateado ou cetim colorido eram fechados por um único botão. Alguns dos calçados do fim da década de 1920 tinham saltos de baquelita com pedrarias. Sombrinhas muitas vezes completavam o *look*. Xales com franjas ricamente bordados, espanhóis ou chineses, e grandes pentes de celuloide emprestavam um ar exótico, assim como as estolas egípcias Azute, de padronagem metálica contra uma base de tela de seda. Longos colares de contas quebravam a linha do corpo, e brincos compridos em forma de gota chamavam atenção para a cabeça. Pulseiras-escrava enfeitavam braços e punhos. Leques eram populares para a noite – de penas de avestruz, gaze paetizada ou papel estampado. Toucas de renda fina com faixas de flores eram usadas durante a noite para ajudar os cabelos curtos a se manter no lugar.

Abaixo, esquerda para a direita, sapatos de couro bicolores, para o dia. (C, cada um) Conjunto vermelho de malha de seda, *prêt-à-porter*, com motivos abstratos *art déco*, c. 1925. Vinha com calcinha e anágua coordenadas. (F)

Direita, vestido melindrosa degradê, de crepe da China, com motivos dourados que lembram folhas de palmeira bordados com miçangas, c. 1922. Repare no comprimento, acima do tornozelo. (D)

Centro, exclusivo vestido Prémet de alta-costura, de crepe preto com fitas douradas e bordado "camponês", c. 1926. Esse tipo de peça raramente aparece no mercado. (L)

Direita, echarpes de seda estreitas e compridas, acessórios populares na década de 1920. (A, cada uma)

JEAN PATOU

Acima, em Nova York, Jean Patou escolhe modelos americanas para desfilar suas criações em Paris. Das centenas de garotas que apareceram no escritório da *Vogue*, seis foram selecionadas em dezembro de 1924.

Bonito, gentil e heterossexual – o que era incomum no mundo da moda, mesmo na época –, Jean Patou (1880-1936) chamava atenção na alta-costura parisiense em um tempo em que o mercado era fortemente dominado por mulheres.

Assim como o próprio estilista, suas roupas eram simples, bem cortadas e exibiam muito estilo. Com talento, ele combinava cores e encomendava tinturas especiais para a seda em cada estação (incluindo o violeta intenso conhecido como "azul Patou"). Em 1922, foi o primeiro estilista a usar um logotipo do lado de fora das vestimentas – as iniciais "JP" apareciam estampadas em corpetes e bolsos na altura do peito como parte dos enfeites de malhas e vestidos, mostrando que aquela "peça simples" vinha de uma grife cara.

Patou admitia não saber costurar. Como muitos ateliês atuais, tinha um "laboratório" de estilistas, mas sempre dava a palavra final, e as coleções exibiam seus detalhes característicos. Sua marca registrada era a informalidade: linhas simples, costura caprichada, saias pregueadas e detalhes sóbrios, tudo para garantir a liberdade de movimentos. Patou produziu *twin sets* maravilhosos com motivos cubistas e roupas de praia igualmente impressionantes. A Riviera Francesa havia se tornado um destino privilegiado de férias, e a malharia usada em sua linha praia – peças que podiam ser usadas na natação ou apenas ser admiradas – era testada para que não encolhesse na água salgada. Poucos desses modelos sobreviveram, pois eram considerados modestos e insignificantes. Hoje, são raros e valorizados.

O mercado americano

Patou fez fortuna nos Estados Unidos com roupas que favoreciam as mulheres locais, mais altas e atléticas. Para agradar a esse público, escolheu seis modelos americanas e as levou a Paris, num grande golpe de publicidade. Os Estados Unidos, portanto, são um ótimo lugar para os colecionadores procurarem peças do estilista.

Em sua última coleção revolucionária, em 1929, a cintura foi recolocada na posição natural, e o estilista criou pontas irregulares e mais compridas para as saias na altura do joelho. O trabalho parecia anunciar o réquiem do estilo *garçonne* – era o retorno da mulher curvilínea.

Apesar da popularidade de Patou, não existem muitas peças criadas por ele na década de 1920 (muito cobiçadas por museus). Sua estética casual e forte é particularmente desejada. Vestidos da década de 1930 parecem ser encontrados em maior quantidade (a grife continuou aberta depois da morte do estilista) e, portanto, têm preços mais acessíveis.

Centro, etiqueta de capa para a noite (ao lado) de veludo macio rosa recoberta e forrada de cetim da mesma cor, meados da década de 1920. (G)

Direita, *cocktail dress* de crepe da China rosa, c. 1927. Sem etiqueta, com franjas pontudas em degradê bege--rosado. (G)

Filha do banqueiro francês naturalizado britânico barão d'Erlanger e de sua excêntrica mulher, Catherine, Baba d'Erlanger (1901-1945) foi uma *it-girl* da década de 1920. "Baba" (seu nome verdadeiro era Liliane) teve uma infância incomum na antiga casa de lorde Byron, em Londres. Sua mãe se vestia com roupas inspiradas na moda medieval – ou como uma freira, toda de branco –, mas costumava trajar a filha com roupas douradas. Um criado egípcio de turbante e 1,80 m de altura acompanhava Baba às aulas de balé. Não foi por acaso que a garota cresceu com um gosto muito particular.

Esbelta, graciosa e dona de um belo rosto oval, Baba tinha o *look garçonne* ideal. Ela ressaltava os olhos com kajal preto e lubrificava as pálpebras, às vezes com glitter. Os lábios eram contornados de vermelho-carmim, as unhas, pintadas de esmalte marrom, e o cabelo preto, curto, não tinha um fio fora do lugar. Era muito amiga de outras estilosas – Paula Gellibrand e Natalia Pavlovna Paley, princesa Romanov – e fazia parte do *beau monde* internacional que incluía Cecil Beaton, as irmãs Mitford e Curzon, Daisy Fellowes, Elsie de Wolfe (*lady* Mendl) e Oliver Messel. Vestia-se de Chanel (de quem também era amiga) e Lucien Lelong (casado com a princesa Natalia). Tinha gostos austeros e dava preferência a roupas monocromáticas e minimalistas para o dia, pois assim enfatizava a figura esbelta e a face pálida.

Em 1923, Baba casou-se com o príncipe francês Jean-Louis de Faucigny-Lucinge, que a descreveu como "exoticamente bela". Ambos deram algumas das festas mais famosas dos anos pós-guerra. Baba passou o resto de sua curta vida cuidando da família, organizando festas célebres e sendo uma mulher de muito estilo.

Abaixo, esquerda para a direita, notável vestido melindrosa *prêt-à-porter*, c. 1928, com etiqueta "Made in France": base de musselina bege com canutilhos pretos e dourados e barras pendentes para os lados. (H) Capa de veludo para a ópera e peruca de corda dourada com pedrarias, década de 1920. Etiqueta na capa: "Made in Paris for Saks & Company". No veludo, o padrão *art déco* de losangos vai do bege-pálido, no pescoço, ao tom canela intenso, na barra. (E, capa; L, peruca)

Direita, princesa Faucigny-Lucinge, ou Baba, fotografada em 1929 com chapéu justo de feltro preto de Suzanne Talbot, com abas drapeadas enfeitadas por um broche.

Ícone de estilo

BABA D'ERLANGER

"Uma das mulheres mais elegantes de Paris." *Jean-Louis de Faucigny-Lucinge*

O que Baba usava?

** Chapéu sino ou outro modelo justo decorado com broche de pedrarias * Vestido preto Chanel * Clutch Hermès * Vestido melindrosa brilhante*

Uma das estilistas mais influentes das décadas de 1920 e 1930, Jeanne Lanvin (1867-1946) figura, sem dúvida, entre as grandes costureiras do século.

Sua carreira foi da década de 1880 à de 1940, e sua marca registrada era o *robe de style* [vestido de saia rodada], que produziu durante os anos 1920 sem se importar com modismos – isso dificulta datar as peças. A Itália renascentista, a Idade Média, religião, Índia, China e Japão serviram de inspiração, e seu vestido de baile de cetim marfim, criado em 1922 e bordado em estilo medieval, foi até copiado pela estilista inglesa Madame Handley-Seymour, famosa na corte, para o vestido de casamento da duquesa de York, a futura rainha-mãe Elizabeth.

Enfeites fabulosos

Lanvin era genial ao decorar tecidos escolhidos com cuidado. Tecidos antigos e orientais inspiraram seus bordados, com o uso impressionante de fitas, chenile, couro dourado e miçangas. Mas o formato e a modelagem eram igualmente importantes. A "grande dama" da alta-costura permaneceu inovadora ao longo de toda a carreira, produzindo roupas belas, elegantes e usáveis. Os tubinhos da década de 1930 (às vezes com mangas quimono curtas, como abaixo, ou com corpetes frente única sedutores sobre saias de crepe de cintura deslocada) eram tão contemporâneos quanto as peças de estilistas mais jovens. Quando Lanvin morreu, a condessa de Polignac, sua filha, assumiu os negócios e, a partir de 1950, contratou o estilista espanhol Antonio Castillo, que também elaborou criações muito interessantes. Ao ganhar vitalidade – uma prática que continuou com Alber Elbaz, no começo da década de 2000 –, a Lanvin conseguiu manter-se no mercado.

Ainda é possível comprar casacos e capas simples – sem detalhes ou com arremates de pele – das décadas de 1920 e 1930 por um preço relativamente baixo. Vestidos com miçangas e bordados, no entanto, podem chegar à casa dos milhares de libras esterlinas, principalmente os fundamentais *robes de style* (feitos de tafetás ou organza de seda delicados, muitos se deterioraram). Seus tubinhos são procurados tanto por museus quanto por clientes que desejam usar as peças. Se tiverem elementos modernos, como mangas quimono curtas, aplicações abstratas em branco e preto ou bordados e miçangas, são mais cobiçados e muito disputados em leilões.

Abaixo, vestido *robe de style* de tafetá ou organza com anquinhas e armações, decorado com babados, paetês, aplicações e bordados. Apesar de a moda favorecer um tipo *mignon*, havia espaço para algo mais romântico. (Z) Etiqueta de alta-costura com ilustração de mãe e filho criada por Armand Albert Rateau. Começou a aparecer em roupas para adultos a partir do inverno de 1919.

Abaixo, direita, *robe de style* de cetim e seda azul, c. 1923. (J) *Ao lado*, a modelo Marjorie Willis, vista de costas, usa vestido preto de tafetá, de Jeanne Lanvin, com grande decote borboleta e broche de pedrarias no centro das costas, 1927.

JEANNE LANVIN

Esquerda, Coco Chanel em 1926 com um confortável e elegante terninho, cardigã, boina coordenada e muitas bijuterias. Ela era a melhor modelo para seu estilo chique e despretensioso.

De cima para baixo, etiquetas: de um vestido para o dia, c. 1918; de uma capa do final da década de 1920; de um vestido de miçangas, 1926.

CHANEL NA DÉCADA DE 1920

"Ela usava suéter de jérsei, saia de tweed e o cabelo penteado para trás, como um menino. Foi ela quem começou tudo aquilo." *Ernest Hemingway*

Abaixo, vestido melindrosa de alta-costura Chanel, feito de chiffon bege com faixas de miçangas douradas e cor de estanho que enfeitavam também a saia em camadas, c. 1927-28. O vestido vinha com uma estola de contas (não exibida na imagem). (W)

Coco Chanel (1883-1971) certa vez disse sobre si mesma: "Chanel é um estilo. A moda passa. O estilo permanece". Como sempre, Coco estava certa – e sua elegância característica nunca saiu de voga. Como Patou, ela produzia roupas diurnas casuais e práticas de crepe da China finíssimo, crepe de lã ou jérsei. Usava sempre os melhores tecidos. Um vestido típico para o dia podia ser muito simples, com um pequeno laço no pescoço ou uma saia em camadas. O acabamento, porém, era perfeito, com todas as costuras internas meticulosamente reforçadas à mão e a orla da seda ou do chiffon aparada de forma impecável. Como Balenciaga, a quem admirava, era obcecada pela maneira como a manga se encaixava em uma peça e passava horas ajustando-a até ficar satisfeita. Se usava chiffon floral para um vestido, muitas vezes cortava a estampa para aplicar as flores em um casaco ou paletó ou sobrepunha as pétalas recortadas para formar broches tridimensionais. São esses detalhes minúsculos e cuidadosos que fazem suas roupas se destacar.

Chanel inspirava-se no mundo à sua volta e transformava o comum em extraordinário. De pescadores e marinheiros, pegou emprestadas a camiseta listrada da Bretanha e a jaqueta estilo naval. Usadas com calças de boca larga, abotoadas dos lados, formavam um *look* feminino revolucionário no final da década de 1920. Dos trabalhadores, inspirou-se nos lenços estampados e paletós brancos de algodão. Seu amante, o duque de Westminster, a cobria de joias caras (que ela misturava a bijuterias), a levava para navegar em seu iate (onde ela usava camisetas listradas, calças de marinheiro e boinas com fitas de gorgorão) e a convidava para participar de pescarias na Escócia, onde ela se tornou adepta do esporte e passou a gostar de tartãs escoceses, tricôs estampados com padrão Fair Isle, tweeds e lã. Usou elementos das roupas de caça e pescaria do duque; cardigãs masculinos, coletes de terno, camisas com abotoaduras, tweeds e calças foram incorporados a seu guarda-roupa e a suas coleções por toda a carreira.

Chanel instalou uma fábrica em Asnières-sur-Seine, nos arredores de Paris, para produzir malhas de jérsei e seda à máquina. O poeta russo futurista Iliazd era responsável pela cor e pela textura das tramas, produzindo malhas listradas e com estampa *art déco*, que ela transformava em terninhos com cardigã e vestidos. Ser dona da fábrica deu a ela exclusividade e controle de qualidade. O uso de tecidos modestos fez com que Paul Poiret chamasse seu estilo, ironicamente, de *pauvetré de luxe* (pobreza de luxo). No final da década de 1920, ela começou a produzir seda estampada. Talvez porque fossem muito confortáveis e fáceis de usar, muitas dessas vestimentas informais se desintegraram ou foram danificadas por traças – portanto, são raras e muito cobiçadas.

Entre o fim da década de 1910 e o começo da década de 1920, em roupas para o dia e principalmente para a noite, Chanel empregava bordados em estilo russo ou egípcio. Também abriu seu próprio ateliê e deu trabalho a imigrantes da aristocracia russa, entre eles a grã-duquesa Maria Pavlova (que mais tarde abriu seu próprio negócio, Kitmir, produzindo bordados coloridos à máquina, em larga escala). Vestidos com detalhes étnicos são raros, mas um deles está exposto no Metropolitan Museum of Art, em Nova York. A estilista também adorava renda e usou guipure em tons pastel, marfim e preto – em praticamente tudo, de vestidos melindrosa aos de saia rodada – até a década de 1950.

Desde o começo, Chanel era conhecida pelos vestidos pretos, que se tornaram sua marca registrada. Itens essenciais no guarda-roupa de toda mulher, eram o suporte perfeito para joias, reais ou falsas. Para dar o máximo de impacto ao modelo, ela se valia de construções engenhosas, bordados, aplicações, miçangas ou renda. A *Vogue* americana sagazmente descreveu essa peça simples, mas luxuosa, como "Ford assinado por Chanel". São vestidos cobiçados no mundo todo, de alta qualidade e muito imitados (ela não se importava, pois acreditava que um estilista não atingia verdadeiramente o sucesso enquanto seus modelos não alcançassem as ruas).

Mercado

Chanel é única: as peças das décadas de 1920 e 1930 são muito desejadas e valiosas (compradas por museus e colecionadores que jamais pensariam em vesti-las, costumam atingir milhares de libras esterlinas), mas mesmo os modelos *prêt-à-porter* contemporâneos são populares nos leilões atuais e disputados por quem quer usá-los. Da mesma forma, itens muito cobiçados por colecionadores são as bijuterias de todos os períodos, as bolsas de couro matelassado e os escarpins bicolores. Chanel foi admirável, e o fato de as mulheres ainda clamarem por seu estilo clássico quase um século depois de ela ter começado a carreira é uma prova verdadeira de sua grandiosidade.

Abaixo, o raro vestido Ribbon de alta-costura, c. 1924, de crepe da China preto com "fitas" de canutilhos em franjas zigue-zague que caem de quatro camadas de crepe georgette na saia. (V)

Abaixo, traje de renda estampada, da primavera/ verão de 1928: combinação de crepe da China marfim e saia recortada de renda, sobrepostos por vestido com echarpe aplicada nos ombros e arrematado por babados de flores de renda. (W)

Direita, vestido em camadas de renda branca com lantejoulas prateadas, usado com leque grande de tule e sapatos Delman, 1928.

19

30

Introdução

OS SOFISTICADOS ANOS 1930

"Mostre o colo tanto quanto seu físico ou recato permitirem." *Vogue*

Depois da profusão de canutilhos da década de 1920, a recessão econômica do período seguinte tornou inaceitável a ostentação da sociedade endinheirada, e houve um movimento em direção à simplicidade sofisticada. Vionnet é apontada como a criadora do corte em viés, que tornou as construções magistrais desse período tão especiais. Outros estilistas notáveis foram Elsa Schiaparelli, Coco Chanel, Jeanne Paquin, Mainbocher, Jeanne Lanvin, Jean Patou, Augustabernard, Lucien Lelong, Robert Piguet, Marcel Rochas, Jacques Heim, Nina Ricci, Balenciaga, Molyneux, Hartnell, Adrian e Charles James.

Os estilistas brincavam com o contraste das cores e grafismos em estampas *art déco*. Tweed, jérsei, chiffon floral, cetim e crepe da China eram tecidos populares para o dia, e tramas metalizadas, brocados, veludo ricamente colorido, seda cloquê, cetim, tule frisado em camadas, paetês brilhantes, crepe de lã, raiom listrado ou estampado e seda artificial estavam reservados para a noite. A alta-costura parisiense incluía materiais novos, como fibra de vidro. Adorada por Chanel, a renda também era muito popular.

A estética

A silhueta clássica do período era longilínea e esbelta, lânguida e serena. O cabelo – curto, na altura do maxilar, repartido de lado ou ao meio – emoldurava o rosto ou era penteado para trás, liso com cachos na ponta. No fim da década, as ondas ganharam a frente, e as madeixas muitas vezes eram presas em um coque com fita de veludo. A maquiagem dramática para a noite combinava olhos sombreados e brilhantes com sobrancelhas aparadas ou desenhadas, além do arco do cupido bem definido nos lábios.

As produções para o dia eram eficientes e bonitas, com vestidos ou *tailleurs* bem cortados, na altura do tornozelo, vestidos de festa de chiffon floral com boleros e belas blusas com jabô, grandes laços no pescoço, golas de renda e botões de resina acrílica em formatos de flor ou motivos *art déco*. As calças, usadas inicialmente por Greta Garbo e Chanel, ficavam cada vez mais populares, mas só foram indicadas pela *Vogue* em 1939. Na Europa e nos Estados Unidos, havia a tendência de usar roupas confortáveis e casuais para um dia a dia mais prático, assim como trajes especiais para várias atividades – incluindo ótimos uniformes para esqui, golfe, tênis, caminhadas e iatismo –, malhas, blusas frente única, shorts e pijamas de cetim para a praia.

Despretensiosa e reservada durante o dia, uma garota podia se transformar, à noite, em tipos sedutores como Greta Garbo, Ginger Rogers ou Jean Harlow. Vestidos ajustados e enviesados deixavam pouco para a imaginação, ainda mais quando feitos de cetim ou crepe. A ênfase dada às pernas na década de 1920 voltou-se ao torso e a uma silhueta longa e delgada, personificada por Jean Harlow.

Abaixo, esquerda para a direita, clutch de couro vermelho Hermès, da década de 1930, com fecho prateado e inscrição interna em letras douradas: "Hermès, 24 Fb St. Honoré, Paris". (F) Vestido para o dia, possivelmente de Jean Patou, c. 1935: lã preta com debruns vermelhos e amarração elaborada no pescoço. (G)

Direita, Coco Chanel faz com que seu companheiro (o duque de Laurino) pareça muito malvestido na praia Lido, em 1930. Ela usa calça marinheiro, chapéu estilo naval enfeitado com joias, camisa, pulseira escrava e colares de pérolas.

Vionnet, Alix Grès e outros estilistas parisienses estimulavam o estilo das deusas clássicas em vestidos drapeados de inspiração grega, feitos de jérsei e crepe marfim ou em tons pastel, com pouco ou nenhum enfeite.

A silhueta

Na década de 1930, a linha da cintura dos vestidos era posicionada sob as costelas, com a saia se abrindo em godê abaixo do joelho, alongando as pernas e o torso. Boleros ou capas curtas de penas, paetês e tecidos semelhantes desviavam a atenção para os ombros e faziam a cintura e o quadril parecer ainda menores. Cintos com fivelas *art déco* de baquelita, fechos de vidro ou faixas contrastantes também acentuavam a cintura. Mangas modeladas para que ficassem bufantes, com babados de tule em camadas e modelos raglã, magiar ou bispo tornaram-se características. O dorso aparecia em pesadas golas drapeadas. Camisetes, caleçons e tops de alcinha tornaram-se populares sob os vestidos justos para a noite.

Quando a recessão arrefeceu, em 1935, Lanvin produziu vestidos frente única, com corpetes de paetê e saias enviesadas de crepe com anquinhas e laços traseiros. Prevaleciam os babados, com a introdução, em 1936, de românticos vestidos rodados de crinolina, da cintura alta da linha império e de corpetes pregueados na horizontal, ao mesmo tempo que a cauda das saias diminuía. Capas ou casacos para a ópera tinham grandes golas acolchoadas ou debruadas de pele, detalhes de franzidos horizontais e mangas interessantes. Em 1937, priorizavam-se o busto farto e pontudo e o abdome sem volume, com ombros ainda mais quadrados e pronunciados.

Com o início da Segunda Guerra Mundial, em 1939, as roupas perderam babados e detalhes supérfluos. Raiom, tafetá, cetim, crepe de lã, lã e damasco eram usados quase sempre em cores opacas e escuras ou listras discretas, mas os vestidos de tule com crinolina, as mangas bufantes e os boleros continuaram populares. Conjuntos tinham paletós mais longos, ajustados ao quadril, com saias para o dia abaixo do joelho. As basques ressaltavam o quadril e a cintura, e vestidos tomara que caia com espartilhos e saias rodadas prenunciavam o New Look.

Acessórios

Os cintos acentuavam a cintura. Lenços ou echarpes longas e finas enfeitavam o pescoço, e eram comuns capas, estolas, casacos e regalos de pele, principalmente arminho.

Durante o dia, usavam-se sapatos de salto baixo e delgado, luvas de couro com punhos decorados e bolsas-carteiras oblongas, do mesmo material, com fechos *art déco*. À noite, os saltos cresciam em altura; sandálias metálicas fechadas também eram populares. As luvas eram compridas, feitas de cetim ou pelica, e belas bolsinhas de veludo, brocado ou tecido bordado exibiam fechos de pedrarias.

Prevaleciam as bijuterias – grandes pulseiras vistosas, fileiras de contas ou pérolas e fivelas *art déco* presas aos corpetes. Havia chapéus de três bicos, bonés pontudos de aviador, boinas usadas para trás e modelos de palha baixos, com a aba caída, todos com o propósito de fazer a cabeça parecer menor e elegante. Mais tarde, foram usados turbantes e chapéus altos com véu. No verão, as peças quase sempre eram grandes, de abas largas.

Abaixo, esquerda, par de sapatos de dança de couro e brocado. (B)

Abaixo, versão de Jeanne Lanvin para o “vestido de deusa”, de jérsei de seda preto, drapeado, fim da década de 1930 ou começo da década de 1940.

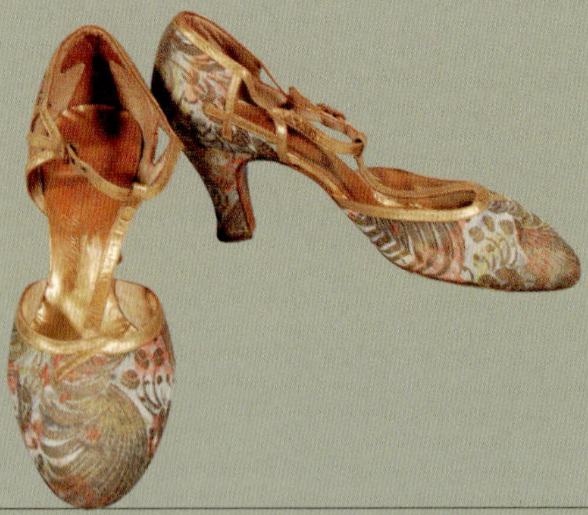

Abaixo, tubinho enviesado de cetim rosa, no estilo de Lanvin, c. 1934, com anel para segurar a saia entre os dedos. (F)

Direita, vestido enviesado de renda, de Molyneux, com pedrarias na fivela do cinto, 1931.

Elsa Schiaparelli acreditava que "as roupas têm que ser arquitetadas: o corpo nunca pode ser esquecido e deve ser usado como a estrutura em um edifício". Era uma grande garota-propaganda de si mesma e produzia criações de vanguarda a cada estação, dando a seus vestidos um caráter mais divertido do que meramente requintado. Ao mesmo tempo controversas e deslumbrantes, suas coleções sempre incluíam elegantes – e "usáveis" – vestidos pretos que podiam ser combinados a paletós ou capas com bordados ou aplicações. Usava debruns de couro metalizado (muitas vezes ao lado de contas e cristais Swarovski, a partir de 1935) e detalhados bordados de Lesage.

Nascida na Itália, a vivaz e carismática Schiaparelli (1890-1973) instalou-se em Paris depois de temporadas em Londres e Nova York. Seu primeiro modelo, de 1927, foi um suéter *trompe-l'oeil* que imitava os laços presentes em decotes de vestidos e blusas. Causou sensação em um almoço da sociedade, e um comprador da loja de departamentos Strauss, de Nova York, encomendou quarenta unidades e quarenta saias para ser entregues em apenas duas semanas. Sem saber tricotar, ela pediu que um casal de "camponeses" armênios fizesse os suéteres e incumbiu sua costureira de produzir as saias. As roupas apareceram na *Vogue* francesa, e, assim, sem nenhum estudo formal, Schiaparelli entrou no mercado.

A lã e as fibras naturalmente tingidas dos tartãs escoceses apareciam em quantidade. A inovadora Mad Cap – uma capa pequena e tubular que podia ser moldada em qualquer forma – foi copiada por um fabricante americano que fez fortuna com o modelo. Schiaparelli, entretanto, não enriqueceu e, depois de ver um bebê vestido com a cópia, destruiu todas as suas versões. Ela foi a primeira a abrir uma butique ao lado de seu ateliê de alta-costura para vender bijuterias, perfumes, suéteres para a noite, saias, blusas e acessórios (itens antes desdenhados pelas grifes). Tornou-se instantaneamente famosa e foi muito imitada por outros estilistas.

Em 1934, abriu um ateliê de curta duração em Londres, que fechou quando a guerra foi declarada. Idênticos aos franceses, os modelos que levam a etiqueta londrina às vezes aparecem em leilões no Reino Unido, mas as roupas de Schiaparelli eram feitas para mulheres que não se importavam em ser o centro das atenções, e muitas clientes britânicas tinham um gosto mais conservador.

Em 1935, suas criações de alta-costura incluíram paletós fechados por cadeados, capas de chuva para a noite, vestidos de fibra de vidro e moedas de ouro francesas em lugar dos botões. Estes adornos – muitos produzidos pelo joalheiro Jean Schlumberger – tornaram-se uma especialidade da grife. Considerando que as camareiras estavam com os dias contados, Schiaparelli também defendeu o zíper para os vestidos de noite, transformando fechos grandes, coloridos e pesados em detalhes-chave. As peças venderam bem, principalmente nos Estados Unidos.

A arte da moda

Schiaparelli trabalhou com alguns dos melhores fotógrafos da época, entre os quais Man Ray, George Hoyningen-Huene, Horst P. Horst e Cecil Beaton. Christian ("Bébé") Bérard desenhava os modelos, e Salvador Dalí ajudou a estilista a criar um casaco que imitava uma cômoda

Abaixo, esquerda para a direita, perfume Shocking (lançado em 1937): o formato do vidro foi inspirado no torso de uma das clientes de Schiaparelli, Mae West. Supersticiosa, a estilista quis que o nome do perfume começasse com a letra S. (C) Vestido-casaco de alta-costura, em condições não muito boas, do fim da década de 1930-começo de 1940: fechado por seis botões removíveis feitos de pedras de turquesa e base de ouro. (M)

Direita, Schiaparelli em Londres, em 1935, com a saia-calça que criou em diferentes tecidos, para o dia e para a noite. A peça foi tida como ousada pela imprensa da época. "Eram graciosas e femininas e, em minha opinião, mais comportadas do que saias", argumentou a estilista.

ELSA SCHIAPARELLI

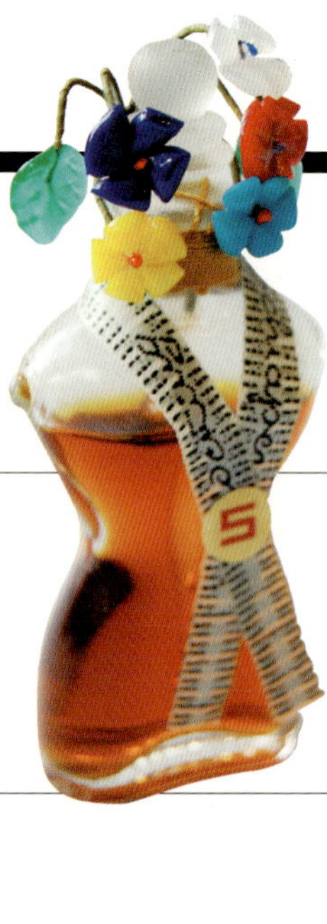

"Criar vestidos não é uma profissão: é uma arte."
Elsa Schiaparelli

(inspirado na pintura *The Anthropomorphic Cabinet*, 1936), um chapéu preto em formato de sapato, com salto de veludo rosa-choque, e outro com o feitio de uma costeleta de cordeiro. Nem todas as mulheres tinham coragem de usar as peças surrealistas, por isso poucas foram produzidas, o que as torna raras e valiosas. Dalí e Schiaparelli também trabalharam juntos na colorida coleção Circus, na primavera de 1938, e, entre suas criações, havia um vestido de cetim preto batizado de Esqueleto, matelassado com o contorno de ossos. Apesar da inevitável cobertura da imprensa, sabe-se da existência de apenas uma dessas peças, que está na coleção do museu Victoria & Albert, em Londres.

Para o outono/inverno de 1937, dois desenhos de Jean Cocteau apareceram em um casaco para a noite e em um paletó de linho cinza. Ambos estão entre as mais valiosas e cobiçadas peças de alta-costura já produzidas. No mesmo ano, Schiaparelli introduziu o rosa-choque que se tornou sua marca registrada e o perfume Shocking. A lista de clientes famosas da estilista reuniu Mae West, Wallis Simpson, Gloria Swanson, Lauren Bacall, Claudette Colbert, Merle Oberon, Katharine Hepburn, Greta Garbo e Marlene Dietrich.

A estilista passou a maior parte da guerra nos Estados Unidos, mas sua equipe em Paris continuou a criar modelos baseados em coleções antigas. Em 1945, reabriu o ateliê e cada vez mais se valeu de lucrativos contratos de licenciamento para os Estados Unidos: seu nome aparecia na etiqueta de roupas masculinas, casacos de pele, toalha de mesa, *tailleurs* de alfaiataria, chapéus, sapatos e roupas de bebê – mas sem que ela tivesse trabalhado nos modelos. Esses itens, apesar de serem colecionados, têm relativamente pouco valor. Os verdadeiros tesouros são as peças de alta-costura feitas em Paris e Londres. Schiaparelli continuou a produzir coleções de sucesso até se aposentar, em 1954 – mesmo ano em que, ironicamente, sua antiga rival, Chanel, decidiu voltar aos negócios.

Abaixo, esquerda, paletó de lã preta, para a noite, feito em Londres no inverno de 1936. Bordado de forma rica com fitas metálicas, fio de ouro, paetês e miçangas, devia ser usado sobre um vestido de crepe preto e complementado por um chapéu cônico de penas de avestruz glicerinadas – o conjunto perfeito "para uma noite de jantar, cinema, coquetéis ou cabaré". (P)

Abaixo, centro, casaco Schiaparelli para a noite, de veludo fúcsia, com etiqueta "Paris" e pregas em forma de leque, formando mangas presunto. Final da década de 1930. (U)

Página oposta, esquerda, vestido de brocado camuflado, 1937-38, tecido com fios de Lurex dourados e iridescentes, com efeitos ondulados [*moiré*] e mangas fechadas por zíperes de celuloide preto. O vestido mostra o interesse de Schiaparelli por materiais inusitados. (O)

Abaixo, esquerda para a direita, os famosos desenhos de Cocteau. Paletó de linho cinza bordado por Lesage. (EE) Casaco de seda púrpura. (EE) Ambos são do outono/inverno de 1937.

Sem dúvida uma das mulheres mais elegantes e controversas do século XX, Wallis Simpson (1896-1986) apareceu na lista das mais bem-vestidas por quarenta anos, e seu relacionamento com Eduardo VIII causou uma crise constitucional [na Inglaterra]. Eles se casaram em 1937, ocasião em que ela usou um vestido Mainbocher sob medida, de crepe azul-pálido, com luvas coordenadas (pois sempre detestou as próprias mãos).

Quando entrava em algum lugar, todos se viravam para vê-la, analisando sua silhueta magra e elegante para absorver cada detalhe, do cabelo perfeito à ponta dos requintados sapatos Perugia. Os lábios, definidos em vermelho profundo, contrastavam com a palidez do rosto e o azul intenso dos olhos. Durante o dia, ela usava *tailleurs* de alfaiataria ou vestidos simples adornados por echarpes bordadas finíssimas e bolsas de couro – tudo gravado com seu monograma. Por baixo, vestia a mais fina lingerie de cetim macio ou chiffon diáfano, com corte em viés, bordada com monograma e entremeios de renda.

Ela passou boa parte da vida – que certa vez descreveu como "Wallis no País das Maravilhas" – planejando o itinerário do duque [de Windsor, seu marido], cuidando da aparência, fazendo compras, organizando famosos jantares e convivendo na sociedade. Frequentava os desfiles de alta-costura, e as principais grifes disputavam para tê-la como cliente. Favoreceu vários estilistas, mas seus preferidos, na década de 1930, eram Mainbocher e Schiaparelli. As roupas de Mainbocher tinham linhas severas e elegantes, enquanto as coleções engenhosas e excêntricas de Schiaparelli agradavam a Wallis por serem divertidas e desafiarem as convenções.

A duquesa nunca foi escrava da moda: sabia o que a valorizava e evitava o que a prejudicava. Marc Bohan, da Dior, criador do vestido de organza preto que ela usou no funeral do duque, em 1972, disse que "ela gostava de tudo o mais simples possível, como eu também preferia". Sem detalhes nem arremates supérfluos, suas roupas eram suporte para as joias maravilhosas especialmente encomendadas por Eduardo. Às vezes, ele pegava antigas peças de família, mandava desmontar e usava as pedras preciosas em modelos novos para Wallis. Muitas eram gravadas com recados secretos ou mensagens carinhosas em sua caligrafia.

Houve diversos e festejados leilões dos pertences de Wallis – em função da dona, o valor das roupas de alta-costura eram sempre acrescidos de um zero. Apesar de as joias da década de 1930 terem sobrevivido, as vestimentas do período nunca estiveram à venda. Em 1950, ela doou o vestido de casamento para o Metropolitan Museum, de Nova York, mas o destino do restante de seu guarda-roupa das primeiras décadas do século permanece um mistério. Talvez esteja meticulosamente embrulhado em algum lugar, esperando para ser descoberto...

Abaixo, esquerda para a direita, bracelete Pantera, da Cartier, com diamantes, ônix e esmeraldas, vendido por £ 4.521.250 (US$ 2.803.175) em 2010. (II) Vestido Mainbocher de crepe "azul Wallis", usado no casamento com o duque de Windsor. No dia, ela calçava luvas com uma abertura especial para o dedo anelar. Ao longo do tempo, o tecido desbotou e hoje é marfim. Coleção do Fashion Institute, Metropolitan Museum, Nova York.

Direita, Wallis em 1937 com paletó de paetês listrado na diagonal sobre vestido de crepe marfim com faixa na cintura.

Ícone de estilo

WALLIS SIMPSON

"Meu marido desistiu de tudo por minha causa... Não sou uma mulher bonita... portanto, a única coisa que posso fazer é me vestir melhor que todas as outras."
Wallis Simpson

O que Wallis usava?

** Roupas simples e elegantes para salientar a silhueta esbelta e mostrar melhor suas joias * Luvas * Bolsa com monograma e sapatos coordenados * Joias opulentas da Cartier ou da Van Cleef & Arpels*

MADELEINE VIONNET – ARQUITETA DA ALTA-COSTURA

"Se uma mulher sorri, seu vestido precisa sorrir também." *Madeleine Vionnet*

Apesar de Madeleine Vionnet (1876-1975) ter sido muito aclamada durante a vida e reconhecida por colecionadores e historiadores de moda como uma das grandes estilistas, seu nome não é muito familiar. Mesmo assim, ela possuía um inigualável conhecimento técnico sobre tecidos e modelagem.

Considerada a inventora do corte enviesado, na década de 1920 (antes, o viés era tradicionalmente usado para circundar e unir o decote), Vionnet trabalhava com peças inteiras de tecido e complicadas costuras para tirar todo o volume de um vestido, fazendo com que tivesse um caimento belo e perfeito. Sobre as roupas criadas por ela, Issey Miyake disse que "se baseiam nas dinâmicas do movimento e nunca se desviam dessa ideologia indispensável".

O aprendizado da costura

Criada pelo pai trabalhador em uma pequena cidade no sudoeste de Paris, Vionnet tornou-se aprendiz de costura aos 11 anos e, aos 19, foi promovida a *première* (responsável por supervisionar o trabalho das costureiras) na Vincent & Cie., uma pequena casa de modas parisiense. Em 1895, juntou-se à modista Kate Reilly (especializada em copiar modelos franceses da alta-costura), que atendia a clientela da sociedade no ateliê da 11-12 Dover Street, em Londres, e em 1901 transferiu-se para a famosa loja Callot Soeurs.

Em 1906, Vionnet foi contratada pelo estilista Jacques Doucet, que a deixou criar seus próprios modelos. Lá, ela dispensou os tubinhos de jérsei cor da pele, de gola alta, que as modelos usavam sob as roupas, e insistiu que as vestimentas fossem colocadas direto sobre a pele. Em 1912, abriu um pequeno ateliê na rue de Rivoli e produziu vestidos de acordo com o que era feito nas outras grifes, enquanto desenvolvia sua técnica de corte de tecidos. Poucas peças com a etiqueta de cetim desse período inicial sobreviveram – e nenhuma apareceu no mercado.

Quando retomou os negócios depois da Primeira Guerra Mundial, Vionnet encomendou seu famoso logotipo ao artista e designer futurista italiano Thayaht. A etiqueta foi usada entre 1920 e 1939, às vezes acompanhada da estampa de uma impressão digital. Os primeiros anúncios que publicou incluíam rigorosos avisos aos seguidores e, a partir de 1921, reproduziu à tinta, nas etiquetas de cetim, a própria impressão digital ao lado da assinatura bordada "Madeleine Vionnet" – no final da década, o selo e a digital eram estampados.

Em 1923, a estilista mudou-se para o número 50 da avenue Montaigne, onde empregava mais de duzentas pessoas (três anos depois, eram 1.200), providenciando educação para os aprendizes e assistência médica gratuita para o *staff* e suas famílias. Na Madeleine Vionnet Inc. New York (criada em 1924 e encerrada em 1932), vendia cópias *prêt-à-porter* feitas em Paris, porque as modelos americanas não se adequavam aos rigorosos padrões da estilista. Ao longo da década de 1930, a importância e a influência de Vionnet cresceram. Seus vestidos enviesados eram admirados e imitados,

Abaixo, cocktail dress de chiffon enviesado, levemente modificado nos ombros, em degradê lilás, com saia finalizada em nesgas pontudas), c. 1927. A etiqueta trazia o nome da grife bordado em verde e estampa prateada de uma impressão digital. (P)

Direita, modelo usa vestido de baile Vionnet de tule branco em camadas, junho de 1935.

Abaixo, direita, vestido para a noite de veludo verde recortado, outono/inverno de 1937. (U)

Direita, etiqueta bordada com a impressão digital de Vionnet marcada à tinta, para provar que a peça era original. Início da década de 1920.

Acima, exclusiva bolsa de camurça cor de vinho, de Boris Lacroix para Madeleine Vionnet, com as iniciais "MV" de metal dourado, década de 1930. (J)

Esquerda, cocktail dress, c. 1921, com impressão digital bordada na etiqueta. Feito a partir de recortes de crepe marfim bordados individualmente. (V)

Abaixo, cocktail dress modelo 4113, primavera/verão de 1925. Crepe *romaine* preto com bordado Lesage em forma de gota, feito com fios de prata e contas de cobre no centro do corpete. A barra cai em pontas laterais. (Z)

e a genialidade que ela exibia na modelagem nunca foi igualada. A estilista fechou as portas em 1939, e seus assistentes Jacques Griffe, Mad Maltezos, Suzie Carpentier e Marcelle Chaumont abriram seus próprios negócios de prestígio. Griffe (a quem ela tratava como um filho) herdou da mestra algumas técnicas de corte e modelagem, e, por causa disso, seus modelos também são muito cobiçados.

Método de trabalho e design

Madeleine Vionnet não fazia croquis e trabalhava com o tecido em um boneco-modelo de 60 cm, aumentando proporcionalmente o material para adequar o feitio ao tamanho natural do corpo. Como Madame Grès, tinha um conhecimento enciclopédico sobre tecidos. As peças do início da década de 1920 eram em geral tubulares, baseadas em formas retangulares, mas apresentavam construção complexa, às vezes com recortes decorativos de patchwork entrelaçado em contraste com tecidos de lamê, recortes hexagonais com bordados de teia e miçangas ou modelos influenciados pelas linhas fluidas dos antigos quimonos. Na década de 1930, o corte enviesado criado na década anterior começou a predominar; a maior parte de seus vestidos tinha saias evasê e costuras elaboradas; quase sempre incluíam echarpes ou faixas que podiam ser usadas de diferentes modos. Vionnet estudou esculturas gregas antigas e produziu vestidos fluidos com gola drapeada e amarrações cruzadas na diagonal. Gostava de trabalhar com chiffon, gaze (crepe *romaine*, crepe *marocain*), cetim, renda e veludo, que, quando cortados de maneira cruzada, ganhavam elasticidade, mas continuavam a ter caimento leve, ajudando a acentuar as curvas. Ela preferia tecidos de uma só cor porque acreditava que as estampas desviavam o olhar da forma e da modelagem – a essência de uma roupa, em sua opinião. Para enfeitar, gostava de miçangas, recortes, drapeados, franjas, feixes ou aplicações. Muitas vezes introduzia texturas em seu trabalho, em particular o motivo da rosa, que podia ser recortado ou picotado na seda para combinar com o vestido. Usou esses detalhes do início da década de 1920 ao final da década de 1930, quando fechou o ateliê com a chegada da guerra.

19

40

A estética

Em contraste com as linhas sinuosas e sensuais da década anterior, a de 1940 trouxe formas quadradas severas, ombros largos, saias mais curtas, chapéus excêntricos e sapatos pesados. A Segunda Guerra Mundial literalmente mudou o formato das roupas, com o racionamento e a regulamentação, por meio do sistema utilitário do Reino Unido, do preço e da qualidade das vestimentas. As peças precisavam ser práticas e confortáveis, já que as mulheres americanas e britânicas assumiram o lugar dos homens no mercado de trabalho – pilotando aviões, construindo tanques e lavrando o campo. Calças funcionais, saias pregueadas, vestidos clássicos acinturados com gola de camisa e botões, ou levemente estruturados, davam liberdade de movimento.

O foco mudou do torso para as extremidades, com penteados enrolados ou com permanente e peculiares chapéus angulares, ombros acolchoados exagerados e sapatos com tiras no tornozelo, salto anabela e plataforma. Suéteres fechados de manga curta ou blusas com laçarotes eram muitas vezes usados com paletós mais justos e saias evasê de pregas e comprimento no joelho – ou logo abaixo. Os vestidos para a noite ficaram mais simples, com saias rodadas, golas altas e detalhes de pregas horizontais ou casa de abelha em torno do peito e da barriga. Era comum serem acompanhados por boleros. Pepluns na altura do quadril ou saias com drapeados laterais fizeram sucesso na segunda metade da década de 1940. Casacos e jaquetas evasê com volume a partir dos ombros, além de trench coats em estilo militar, também eram populares.

Tweed, flanela, gabardine, algodão, jérsei sintético e tafetá de raiom eram os tecidos mais usados. Vivos padrões florais, que podiam ser estampados ou desenhados com estêncil sobre um fundo de cetim preto, estavam na moda, assim como o uso de paetês e miçangas (que não eram racionados) para enfeitar vestidos noturnos feitos de crepe escuro. Até os botões foram controlados pelo governo, mas acrescentavam cor ou detalhes chamativos, e os bolsos passaram a ter importância em paletós de alfaiataria.

Em 1946, a ênfase voltou-se para quadril, cintura e ombros arredondados – mas foi apenas no ano seguinte, com o New Look de Dior, que uma revolução tomou conta da moda, e as mulheres enfim puderam se dar ao luxo de embarcar na romântica visão do estilista, com vestidos na altura do tornozelo, corpetes e

Abaixo, sapato plataforma de cortiça multicolorida, de Salvatore Ferragamo, 1938: o modelo profetizou as pesadas solas usadas ao longo da década de 1940, quando plataformas e saltos anabela foram populares. (P)

Introdução

OS AUSTEROS E INOVADORES ANOS 1940

"A moda sempre corresponde à época em que você vive. Não é algo que se sustente sozinho." *Coco Chanel*

Direita, capa da *Harper's Bazaar*, novembro de 1941: "invente e reforme" era um mantra popular, pois os tecidos eram direcionados aos esforços de guerra e foram racionados para uso doméstico.

Esquerda, Rita Hayworth em *Ao compasso do amor* (1941): chapéu em forma de disco com forro vermelho e vestido escarlate com ombreiras e corpete com drapeado transpassado – elementos comuns nas roupas da década de 1940.

Abaixo, em 1949, Hermès produziu a bolsa Eperon, com laterais rígidas e topo curvado, perfeita para esconder produtos do mercado negro. O fecho de latão foi inspirado nas esporas (*éperon*) das botas de montaria. (N)

cintura "de vespa". As linhas duras e angulares foram suavizadas, e as curvas, enfatizadas. Em 1949, um grande número de vestimentas já podia ser comprado sem cupons, dando às mulheres maior liberdade para se expressar.

Acessórios em alta

Os acessórios tornaram-se cada vez mais importantes. Para manter os cabelos em ordem de maneira mais fácil, as mulheres faziam permanente e envolviam a cabeça em echarpes (muitas vezes estampadas com mensagens patrióticas). Turbantes eram essenciais, e Schiaparelli produziu algumas versões de alta-costura extremamente elegantes. Chapéus e peles não foram racionados, e, portanto, proliferavam capuzes, gorros, redes, boinas tricotadas à mão, chapéus de palha de copa alta enfeitados por véus e fitas e modelos em forma de disco (enviesados sobre a testa e fixados com tiara). Estolas de pele de raposa com olhos brilhantes e garras pendentes acrescentavam uma pitada de glamour. Com o couro em falta, as luvas eram feitas de tecido; as bolsas seguiam modelos úteis, como carteira, ou estilos angulares com alças. Os saltos aumentaram de tamanho, e, no começo da década de 1940, as malquistas solas de madeira foram introduzidas para compensar a falta do couro. Quando o fotógrafo de moda Cecil Beaton visitou Paris após a libertação, em 1944, descreveu "os pesados tamancos que acrescentavam 15 cm de altura às mulheres, mas as deixavam com o andar desajeitado e penoso".

Direita, seis botões de porcelana esmaltada de Lucie Rie, c. 1940: os botões eram uma maneira relativamente barata e rápida de incrementar um vestido antigo, mas na Inglaterra o racionamento estipulava que no máximo quatro unidades podiam ser usadas em uma roupa nova. (F)

O EFEITO DA GUERRA NA MODA EUROPEIA

Acima, modelos do tempo da guerra com acessórios coordenados e práticos sapatos de salto baixo, c. 1944.

Abaixo, etiqueta CC41 (símbolo de Controlled Commodity, 1941), para identificar roupas feitas de acordo com o racionamento imposto pelo governo. Essa etiqueta consta no vestido azul e branco com estampa de folhas. (B)

Abaixo, centro e direita, sobretudo Utility de tweed, de meados da década de 1940, com gola de veludo e etiqueta CC41. (C) Echarpe de seda estampada Free France, de Jacqmar, década de 1940, com mensagens patrióticas do general De Gaulle. (B)

Na Inglaterra, estilistas como Digby Morton, Hardy Amies e Norman Hartnell criaram peças práticas e elegantes em larga escala, com preços razoáveis. Trazem a etiqueta CC41 (símbolo de Controlled Commodity, 1941) e são muito cobiçadas por colecionadores.

Na Europa devastada pela guerra, as vibrantes imagens de estrelas de Hollywood em roupas de Greer, Adrian e Irene davam um alívio aos tempos austeros, e a campanha do governo Make Do and Mend [invente e reforme] encorajava as pessoas a alterar as peças que já possuíam para reaproveitá-las. Infelizmente, muitos belos vestidos do século XVIII esquecidos em sótãos foram destroçados nesse período. Cortinas transformavam-se em roupas para a noite, e vestidos de casamento, às vezes, eram feitos com seda de paraquedas.

Filmes informativos do Ministério do Comércio britânico mostravam como converter um terno para a noite em um atraente conjunto para o dia, pijamas em vestidos ou velhas cartolas em chapéus chiques decorados com fitas. Diversos homens devem ter voltado da guerra e não encontrado quase nada no armário!

A ocupação de Paris

Na capital francesa, Schiaparelli reagiu ao começo da guerra com a coleção Cash & Carry, com grandes bolsos para carregar bens preciosos em uma situação de emergência. Com certa ironia , o "vestido camuflado" criado por ela podia ser estendido e transformado em um longo para a noite ao puxar de um laço – muito útil quando "alguém sai do metrô para ir a um jantar formal". Mas Schiaparelli, Molyneux, Mainbocher e Worth deixaram a cidade após a ocupação alemã, em 1940.

Apesar do êxodo, cerca de sessenta ateliês permaneceram abertos, e Lucien Lelong, presidente da Câmara Sindical da Alta--Costura, convenceu os nazistas a abandonar os planos de transferir a indústria para Berlim. Muitos clientes ricos ainda partiam da cidade (substituídos, em parte, por mulheres e namoradas dos oficiais nazistas e dos comerciantes do mercado negro), e os negócios internacionais tornaram-se quase impossíveis. Assim, peças de alta-costura que datam da Paris ocupada são raras e valiosas. Em 1946, o Théâtre de la Mode, exposição da Câmara Sindical com duzentas bonecas vestidas com as novidades da alta-costura (incluindo modelos de Lanvin, Lelong e Balenciaga), tentou resgatar os compradores. Eles apenas retornaram para a coleção de estreia do antigo assistente de Lelong, Christian Dior, em 1947.

Esquerda, *tailleur* de lã marfim de Gilbert Adrian, final da década de 1940, com etiqueta "Adrian Original" vendida pela loja Harzfeld, de Kansas City. O paletó ajustado apresentava ombreiras, uma lapela longa e outra curta, três botões dourados, bolsos aplicados dispostos de maneira angular e bolsos falsos no quadril; a saia era longa, de modelagem seca. (I)

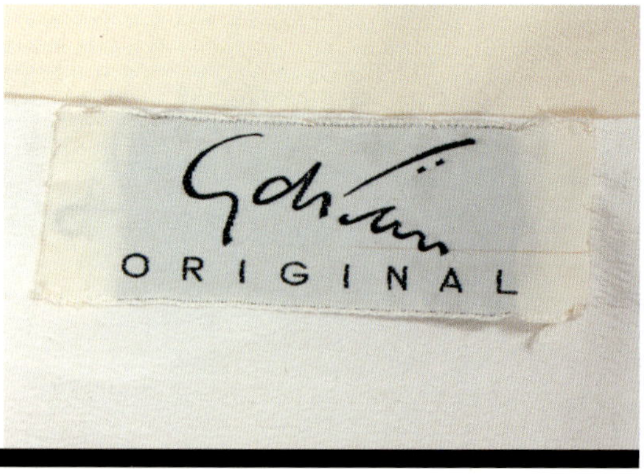

A MODA AMERICANA NA DÉCADA DE 1940

Abaixo, *tailleur* de tweed cinza de Hattie Carnegie, fim da década de 1940-começo da década de 1950, com etiquetas "Hattie Carnegie" e "Marshall Field 28". Os bolsos têm detalhes dourados com pedrarias, e o quadril apresenta enchimento. (C)

Em 1940, a *Vogue* americana escreveu: "Na mente de todos os envolvidos com a moda, uma questão aparece repetidamente: 'O que a América fará sem Paris?'". Os Estados Unidos tinham tradição em produzir roupas de qualidade, confeccionadas em larga escala, mas confiavam muito na capital francesa para obter diretrizes. Quando a França caiu, os compradores americanos voltaram-se para os talentos locais – bolsas eram feitas por Koret, chapéus por Lily Dache, e magníficas bijuterias por Miriam Haskell. Muitos estilistas influentes hoje procurados por colecionadores fizeram elegante *prêt-à-porter*, mas Charles James, Valentina e Mainbocher (que havia se mudado de Paris para Nova York em 1940) executavam alta-costura de qualidade europeia.

O uso de peças separadas – cardigãs com saia ou calça e blusas camponesas com jeans – aumentou, e Rita Hayworth e Lana Turner tornaram-se *pin-ups*, ou "garotas suéter", para as tropas. O vestido californiano de algodão, que deixava as costas de fora, era parte do *look* americano, e *tailleurs* de alfaiataria tinham paletó comprido com ombros exagerados, cintura estreita e saias retas com pregas na barra justa. Clássicos vestidos para a noite eram tubulares, com fendas laterais, feitos de jérsei drapeado ao estilo grego ou *faille* de raiom, com enfeites generosos de paetês e miçangas.

Estilo acessível

Criada por Adolph Schuman em 1934, a empresa Lilli Ann, de São Francisco, usava tecidos britânicos. A não ser que sejam muito diferentes, seus *tailleurs* para o dia em geral têm preços moderados, mas algumas modelagens com tiras coloridas do ombro à barra ou detalhes decorativos agradam aos estilistas modernos e podem custar mais.

Sophie Gimbel (1898-1981) vendia alta-costura francesa – e cópias – na Saks Fifth Avenue, mas começou a criar seus próprios modelos quando a matéria-prima francesa se esgotou. As bem-sucedidas e sofisticadas roupas para a noite (com a etiqueta "Sophie of Sacks" ou "Sophie Originals") podem ser usadas hoje da mesma maneira de quando foram confeccionadas. Seus vestidos, muito apreciados nos Estados Unidos, mas sem fama internacional, têm preços moderados e são comprados principalmente por quem deseja usá-los, e não por colecionadores.

As lojas da empresária Hattie Carnegie (fundadas em 1909) vendiam roupas, peles, acessórios, joias e até chocolate. Seu negócio, muito próspero, empregou Norman Norell, Claire McCardell, Jean Louis, James Galanos e Pauline Trigère, mas o nome deles nunca aparecia nas etiquetas. Pelo volume que foi produzido, são peças relativamente baratas, mesmo tendo um bom design e qualidade excepcional.

As roupas casuais criadas por Claire McCardell (1905-1958) apresentavam alcinhas ou amarrações na cintura, ganchos de metal em lugar de botões, ombros naturais e saias-camponesa rodadas. As peças do começo da década de 1940, com ganchos de latão, são muito desejadas e podem ser caras, mas a produção posterior é relativamente barata.

Nettie Rosenstein (1890-1980) e Ceil Chapman (1912-1979) produziram um *prêt-à-porter* fabuloso e acessível. Os "pretinhos básicos" de Rosenstein eram usados por mulheres em todo o país, e Chapman fez belos vestidos de raiom ou mesclas de tecidos sintéticos com paetês, miçangas, pregas ou franzidos horizontais. Na década de 1930, seu empreendimento de alta-costura foi um desastre comercial, mas as roupas *prêt-à-porter* da década de 1940 (que combinavam ótimo design e tecidos baratos) tornaram-se muito desejadas por colecionadores em anos recentes.

A moda e Hollywood

Edith Head (1897-1981), a famosa figurinista da MGM, produziu vestimentas glamorosas dentro do regulamento L85 do War Production Board americano, e muitos estilistas de sucesso começaram a carreira nos grandes estúdios de

"Mas este ano as agulhas de Paris foram suspensas, esperamos que temporariamente, por causa da guerra. E que, pela primeira vez, nos lembremos, o outono chega sem a inspiração parisiense. Pela primeira vez, o centro mundial da moda está aqui – na América."
Vogue *[EUA], 1º de setembro de 1940*

Hollywood. Em Los Angeles, Howard Greer (1896-1974) – que abriu um ateliê de alta--costura em 1927 e uma loja de varejo em 1930 – especializou-se em *cocktail dresses* e vestidos com decotes e ombros com enfeites elaborados, alegando que essas eram as partes do corpo que ganhavam maior evidência quando a mulher sentava à mesa. Como Greer não é um estilista aclamado internacionalmente, suas peças ainda têm preço acessível.

O figurinista Gilbert Adrian (1903-1959), que inaugurou uma butique em Beverly Hills em 1942, também ficou conhecido pelos elaborados *cocktail dresses* e glamorosos vestidos para o tapete vermelho. Ele foi considerado o inventor da versão americana para o *tailleur* Utility, com frisado e bolsos aparentes com dobras incomuns. Sobre o New Look, gracejou: "Tentar fazer as mulheres usar enchimento no quadril nos tempos atuais é o mesmo que vender armaduras para homens". Hoje, embora seus *tailleurs* possam ser encontrados em quantidade, as roupas para a noite são raras. Sucessora de Adrian na MGM, Irene Lentz (1900-1962) fundou a Irene Inc. em 1947 e vendia para 25 lojas de departamento *tailleurs* muito elegantes, feitos de fio penteado britânico, e vestidos fascinantes para a noite. Dessa forma, o público que ia ao cinema conseguia se vestir como seus ídolos por preços acessíveis.

Charles James

Nascido na Inglaterra, o temperamental Charles James (1906-1978) foi, sem dúvida, o maior estilista americano do século XX, muito admirado pela habilidade no corte dos tecidos – Dior teria dito que o New Look foi inspirado nas criações do colega. Apesar disso, trabalhava devagar e passou a maior parte de seus últimos anos brigando contra a pirataria de seus modelos.

Inovador, James não dava muita atenção para as tendências. Passou anos aperfeiçoando roupas com precisão matemática e imaginando padrões de vestimentas com partes intercambiáveis. Entre suas obras--primas estão o vestido e a capa de fitas, o zíper espiral no famoso vestido Táxi e o vestido Trevo-de-quatro-folhas (p. 79). Os modelos de baile, complexos e esculturais, muitas vezes apresentavam drapeado assimétrico.

Mesmo sem ter um nome familiar, James é incontestavelmente um dos grandes costureiros. Embora existam algumas peças criadas por ele na Inglaterra na década de 1930, a produção foi mais fértil nos Estados Unidos, onde o estilista teve muitas clientes ricas (e pacientes) nas décadas de 1940 e 1950. Seu método irregular de trabalho faz de suas criações peças raras e muito disputadas em qualquer lugar.

Abaixo, esquerda para a direita, vestido de crepe roxo de Howard Greer, meados da década de 1940, com etiqueta "Custom Original". (D) Vestido para a noite de cetim dourado, assinado por Ceil Chapman, com uma fileira de botões de cetim, quadril repuxado e leve cauda, fim da década de 1940. (D)

Abaixo, exclusivo vestido evasê de tafetá cobre, com saia assimétrica, de Charles James, década de 1940. (P)

Direita, no filme *Acordes do coração* (1946), Joan Crawford usa conjunto de crepe de Gilbert Adrian com ombreiras que servem para enfatizar o cinto com pedrarias e o quadril estreito.

Lauren Bacall (1924-2014) foi o ícone perfeito da década de 1940. Sua forte presença na tela a distanciava dos papéis de heroína tola – que predominavam entre as atrizes de Hollywood na mesma época – e a colocava em pé de igualdade com o ator principal.

Bacall começou a carreira como modelo. Estava tão assustada em seu primeiro teste para o cinema que, para evitar tremer, abaixou o queixo em direção ao peito e olhou para a câmera por cima, gesto que ficou conhecido como "O Olhar". Em 1944, aos 19 anos, atuou ao lado do veterano Humphrey Bogart em *Uma aventura na Martinica*. A voz da atriz era treinada para ser baixa e sexy. Nancy Hawk, mulher do diretor Howard Hawk, a orientava em termos de moda, bom gosto e etiqueta. Bacall e Bogart – aos 45 anos e já casado – se apaixonaram e subiram ao altar em 1945. Para a cerimônia, em vez do vestido tradicional, ela escolheu um *tailleur* simples de lã cor-de-rosa com um cinto fino de couro. Com os grandes olhos de felino e belo rosto emoldurado pelo cabelo louro levemente ondulado, ela estava linda.

Seu estilo era clássico, chique e discreto – uma elegância prática durante o dia e provocante à noite. Seu guarda-roupa reunia itens básicos: camisas brancas bem cortadas combinadas a grandes cintos de couro, calças largas, saias na altura do tornozelo e *tailleurs* de alfaiataria de tweed xadrez com ombros largos e cintura fina. Em vez de chamarem atenção, os acessórios sempre se harmonizavam com o conjunto, e um cigarro nunca ficava muito longe de seus lábios pintados de coral.

Ícone de estilo

LAUREN BACALL

"Ser uma estrela não é uma profissão; é um acidente." *Lauren Bacall*

Esquerda, Lauren Bacall em *Uma aventura na Martinica* (1944). Durante as filmagens, previsivelmente, ela foi notada por seu futuro marido, Humphrey Bogart. A barriga à mostra tornou-se popular em meados da década de 1940.

Direita e abaixo, Bacall em 1947. Rara calça feminina de flanela cinza combinada com blusa xadrez: provavelmente porque eram consideradas "comuns", poucas dessas calças sobreviveram e são muito procuradas por quem coleciona peças da década de 1940. (C)

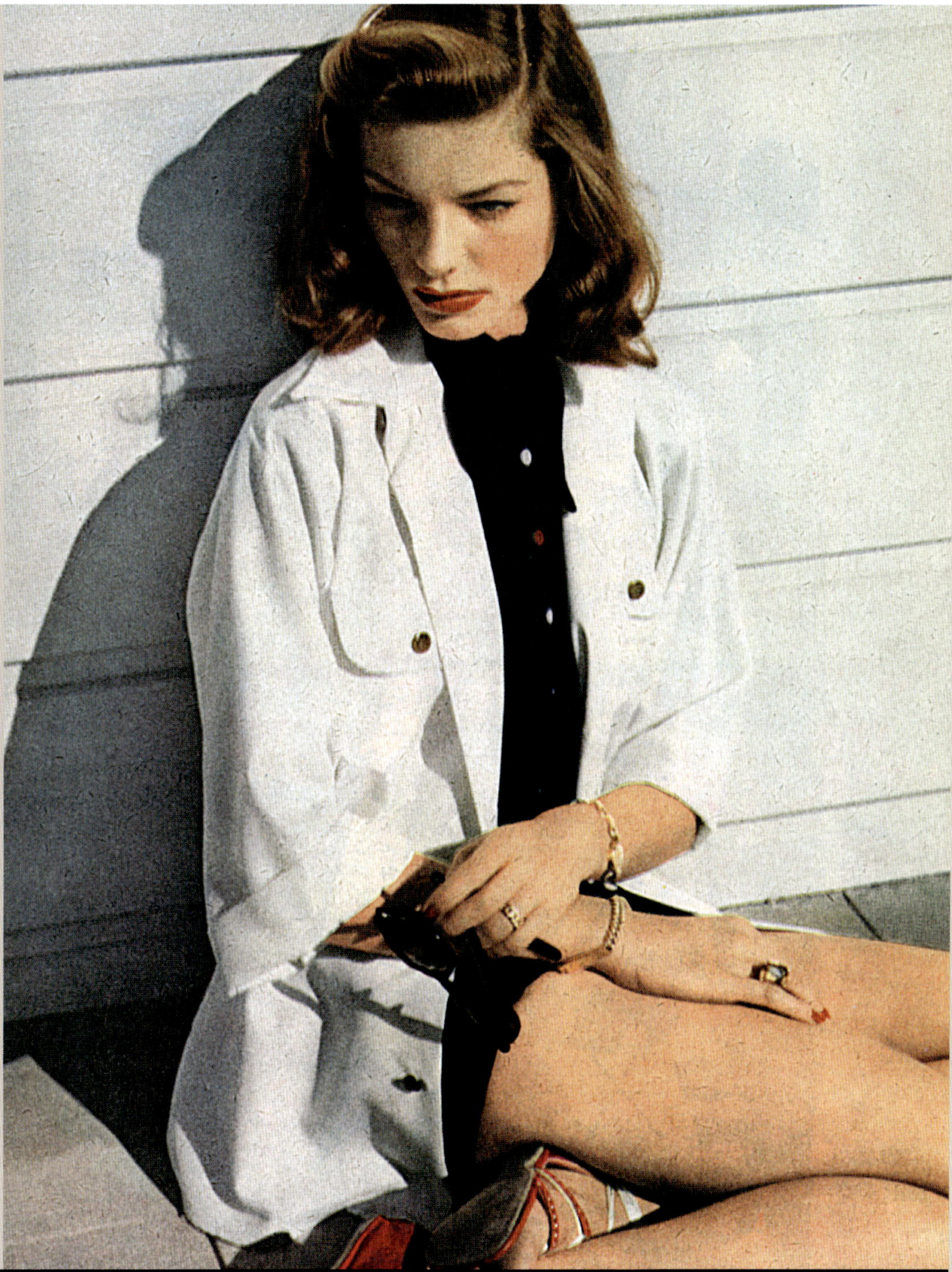

O que Lauren usava?

** Suéteres simples ou blusas brancas com calças largas ou saias na altura do tornozelo * Alpargatas ** Tailleurs *de alfaiataria, levemente masculinos, com bracelete de berloques ou broche bem escolhido * Provocantes vestidos de cetim em estilo deusa*

Em fevereiro de 1947, em meio a prédios bombardeados, racionamento e uma austera moda "masculinizada", a visão romântica de Christian Dior (1905-1957) irrompeu sobre o mundo com Corolle, sua coleção de estreia, que celebrava a forma feminina com "roupas para a mulher-flor, com ombros arredondados, seios pronunciados e cintura fina sobre saias volumosas abertas". Da noite para o dia, espartilhos com barbatanas tornaram obsoleto o estilo rígido dos anos anteriores. Saias volumosas eram realçadas por camadas de tule, e os paletós ganharam forros de cambraia para acrescentar uma desejada curva ao quadril. Desde o século XIX, nunca a aparência feminina havia sido tão alterada por espartilhos e crinolinas.

Bettina Ballard, editora de moda da *Vogue* americana, afirmou: "Fomos testemunhas de uma revolução na moda". E Carmel Snow, editora-chefe da *Harper's Bazaar,* teria exclamado: "É um novo *look* [New Look]", batizando assim o inovador estilo que surgia. Muitos, entretanto, consideravam antipatriótico o enorme volume de tecido usado na confecção das roupas. Mesmo com as questões morais, porém, mulheres do mundo todo amaram Dior, e quem não podia pagar pelos modelos ajustava os paletós na cintura e acrescentava camadas às saias para imitar o estilo. As cópias proliferaram, e a Deréta, empresa britânica antes dedicada à produção em massa de *tailleurs* Utility, passou a fabricar peças de flanela cinza à moda New Look e vendeu todo o estoque em poucas semanas.

Revolução contínua

Embora Dior alterasse as silhuetas a cada coleção, nunca abandonou totalmente o New Look, que definiu a década seguinte e foi adotado por outros estilistas e fabricantes. A coleção reafirmou Paris como líder indiscutível da alta-costura e projetou Dior (que, de 85 funcionários, passou para 1.200 em 1955) para o *front* da moda internacional. Peças anteriores

Esquerda, conjunto de seda preta que pertenceu a Wallis Simpson, c. 1949-50: corpete levemente estruturado com espartilho de tule e duas saias intercambiáveis. A duquesa foi cliente fiel de Dior até o fim da vida. (S)

CHRISTIAN DIOR – O SALVADOR DA ALTA-COSTURA FRANCESA

Abaixo, conjunto Bar, da coleção Corolle – ou New Look –, de 1947: paletó de seda crua clara e saia com prega faca. Repare nos ombros arredondados, na cintura de vespa, no quadril acolchoado e na saia acima do tornozelo.

Direita e abaixo, à direita, etiquetas de alta-costura das décadas de 1940 e 1950. Vestido de damasco de seda cinza, da coleção outono/inverno de 1949, com etiqueta "Christian Dior Paris": corpete levemente estruturado, sem espartilho e tecido pesado (quase como o material usado em tapeçaria). (U)

a 1952 trazem etiquetas sem data, pontudas e um pouco menores que as consecutivas, retangulares. Mas alguns casacos e jaquetas de conjuntos posteriores também não trazem a data – portanto, nem toda etiqueta sem essa informação indica necessariamente um traje mais antigo. No final da década de 1940, os tecidos são algumas vezes mais pesados, e o acabamento, não tão bom quanto nos anos subsequentes; da mesma forma, nem todos os conjuntos Dior têm espartilho interno. É preciso tomar muito cuidado ao examinar um vestido do período inicial para se assegurar de que pertence à época correta: o que, à primeira vista, pode parecer grosseiro muitas vezes é o artigo legítimo. Itens da coleção original são escassos – se um exemplar original de alta--costura do conjunto Bar fosse leiloado, tantos museus estariam dispostos a obtê-lo que o preço provavelmente alcançaria milhares de libras esterlinas.

MADAME GRÈS – A ESCULTORA DO TECIDO

"Madame Grès" (Germaine Émilie Krebs; 1903-1993) foi uma das grandes estilistas do século XX. Do corte em viés, passando pelo New Look, pela minissaia e pelas ombreiras exageradas da década de 1980, com seu uso magistral do drapeado e do corte, ela é tida por muitos estilistas como uma escultora do tecido. Grès supostamente aprendeu o ofício no ateliê parisiense de alta-costura Prémet, em 1930, antes de trabalhar para a estilista Julie Barton e mudar seu nome para Alix Barton. As roupas Alix apareceram na *Vogue* já em 1933, e é possível que Grès tenha estabelecido seu próprio ateliê, Alix Couture, em 1934. Alguns historiadores acreditam que ela era tão competente que Julie Barton mudou o nome da empresa em função da assistente.

Com o casamento, em 1937, ela se tornou Madame Grès e, em 1942, abriu um ateliê na rue de la Paix. Forçada a fechar as portas em função das restrições aos tecidos impostas pelos alemães, reabriu no verão de 1944 com uma provocativa vitrine vermelha, azul e branca depois do *lobby* feito em seu favor por membros das instituições de alta-costura.

A clientela de Madame Grès incluiu Wallis Simpson, a princesa Salimah Aga Khan e Jacqueline Kennedy, mas ela evitava a sociedade parisiense. Trabalhando sozinha, drapeava, cortava e alinhavava os tecidos escolhidos com cuidado diretamente no manequim, pois acreditava que o material a guiaria.

Ao lado de Vionnet e Balenciaga, Alix Grès foi uma mestra da construção. Seus designs são complexos, magistrais, elegantes e finalizados à mão. São emblemáticos os complexos vestidos drapeados gregos, as peças de inspiração étnica e os conjuntos de alfaiataria que ganhavam pepluns exagerados, pregas nos ombros ou fechos internos de cordão. A modelagem é quase sempre surpreendente: embora fosse tradicional fechar os vestidos pela esquerda, Grès muitas vezes desafiou essa regra.

Nenhum museu de moda deve abrir mão de ter um vestido em estilo grego em sua coleção; modelos de jérsei drapeado costumam alcançar preços menores que os longos para a noite. Exemplares com etiqueta Alix são raros e estão entre os mais desejáveis da alta-costura. Vestimentas Grès das décadas de 1940 a 1980 são mais abundantes e acessíveis.

Página ao lado, esquerda para a direita, vestido para a noite de damasco de seda marfim e dourado, inverno de 1935, com etiqueta "Alix" da década de 1930. (P) *Cocktail dress* de jérsei bicolor, c. 1945. (M) Etiqueta "Grès" da década de 1940.

Acima, Madame Grès revisitou os vestidos em estilo grego ao longo de toda a carreira. Essa versão apareceu na *Vogue* na década de 1950.

19

50

Introdução

OS LUXUOSOS ANOS 1950

"Uma época de ouro parece ter ressurgido... O que importam o peso de meus tecidos suntuosos, os encorpados veludos e os brocados?"
Christian Dior

Depois da austeridade e do racionamento dos anos de guerra, ressurgiu o apetite por opulência, luxo e fartura. Quando os homens voltaram do *front*, muitas mulheres abandonaram o trabalho e trocaram os uniformes pelos aventais domésticos. Como a demanda por roupas práticas e confortáveis para o batente diminuiu, o desejo pelo luxo feminino, negado na década anterior, voltou a crescer. Em 1947, Christian Dior provocou as clientes com criações extravagantes – nunca, desde o século XIX, as vestimentas tinham limitado tanto o corpo, com corpetes e espartilhos de barbatana, cinturas de vespa e saias volumosas. Quadril arredondado, seios pronunciados e saias em comprimento bailarina, detalhes propostos pelo New Look de Dior, prevaleceram ao longo da década de 1950.

No final do período, as silhuetas mais soltas foram defendidas pelo jovem Yves Saint Laurent, na Dior, e por Givenchy e Balenciaga. Em 1957, os vestidos-saco retos e sem cintura sucederam a forma mais ajustada dos tubinhos com cintura alta e, mais tarde, deram origem ao vestido baby-doll [modelo amplo com saia franzida]. Ainda assim, mesmo algumas das roupas mais casuais escondiam um arsenal de corsetaria, cintas e ligas. O *look* beat, com blusas polo pretas e calças largas, foi adotado pela geração mais jovem no fim da década, enquanto os jeans e as jaquetas de motociclista tornaram-se o uniforme dos homens mais jovens, influenciados por James Dean e Elvis Presley.

Em Paris, com sua antiga tradição de grandes ateliês, talentosas modistas eram abastecidas por fornecedores de flores de seda, bordados, fitas, chapéus, renda e botões, e tecidos luxuosos eram muitas vezes adaptados para corresponder à exigência dos estilistas. As casas tinham hierarquias rígidas, com o estilista no topo e um diretor abaixo dele para gerenciar dois ateliês principais, um dedicado à alta-costura e outro à alfaiataria, cada um com *premières* e *secondes*, cortadores especializados em estampas, assistentes, costureiras, vendedoras e manequins. Essa combinação de excelência no design e na execução deu origem a algumas das mais impressionantes, românticas e magníficas criações da alta-costura de todos os tempos. Nada era muito complicado, difícil ou trabalhoso para os ateliês de Paris. Na década de 1950, os termos "alta-costura" e "alta-moda" representavam um nível de perfeição que, hoje em dia, só existe nos sonhos.

Os criadores

Embora Christian Dior tenha liderado o combate à austeridade, ele foi estimulado por outros importantes estilistas de Paris, entre eles Jacques Fath, Jean Dessès, Cristóbal Balenciaga, Hubert de Givenchy, Robert Piguet e Pierre Balmain. Todos são famosos pelas criações fabulosas e românticas que estão entre as mais desejadas do período.

Na Inglaterra, o casamento e a coroação da rainha Elizabeth elevaram o prestígio de Norman Hartnell e dos estilistas britânicos em geral, entre eles Hardy Amies, John Cavanagh, Digby Morton, Bianca Mosca e Victor Stiebel.

Em 1952, em Roma, as irmãs Fontana fizeram o vestido para o casamento cancelado de Audrey Hepburn com James Hansen e produziram roupas para estrelas como Ava Gardner e Sophia Loren. Outros nomes italianos muito procurados por colecionadores são Simonetta e Fabiani, Roberto Capucci e

Abaixo, *sac mallette* de couro vermelho-sangue da Hermès, década de 1950: a parte superior é uma bolsa, mas as dobradiças revelam um compartimento para joias forrado de veludo, perfeito para viagens aéreas. (F)

Direita, o jovem Yves Saint Laurent com as manequins da coleção Trapeze, sua primeira criação como estilista-chefe da Dior, para a primavera/verão de 1958. Ao lado de vestidos mais tradicionais, com saias em forma de sino, repare nas novas formas com volume dos ombros à barra.

Esquerda, modelo com vestido de renda guipure rosa-antigo Balenciaga, de 1953, com estola de tafetá volumosa, toque com plumas de avestruz, colar Van Cleef & Arpels e luvas compridas de seda.

Abaixo, esquerda para a direita, colar e brincos Christian Dior, 1958: colar composto de grinaldas e folhas de pedras rosa, verde e ametista. (I) Charles James foi o primeiro estilista americano inovador; aqui, modelo com o extravagante vestido Trevo-de-quatro--folhas, de 1953.

Antonio Castillo (que colaborou com Lanvin antes de se mudar para a Elizabeth Arden, nos Estados Unidos).

Também a América pós-guerra produziu uma safra de estilistas de muito sucesso, como Charles James, Mainbocher, James Galanos, Arnold Scaasi e Bob Bugnand. Nova York tornou-se um centro para o *prêt-à-porter* de qualidade, produzido em massa, quando os padrões para a definição do tamanho das roupas foram adotados em todo o país. Nomes como Ceil Chapman, Traina-Norell, Nettie Rosenstein e Pauline Trigère produziram modelos acessíveis que hoje têm preços relativamente baixos e são muito cobiçados por colecionadores.

Perfeição feminina

As mulheres deviam ser magérrimas, usar espartilhos, estar bem penteadas e portar acessórios que combinassem com a roupa. Saias rodadas de feltro ou de estampas mexicanas e cardigãs com detalhes bordados ou pedrarias davam um ar mais jovial e casual. Para o dia, *tailleurs* formais tinham mangas três-quartos para mostrar as longas luvas com dobras complexas nos punhos. À noite, as feitas de pelica macia ou cetim complementavam tubinhos tomara que caia. Luvas de cetim da época ainda podem ser encontradas em quantidade e, a menos que sejam assinadas por Dior ou Hermès, têm preços relativamente baixos.

Bijuterias arrematavam o *look*, e o broche ganhou importância, fosse enfeitado com pedrarias, de metal dourado em espiral, na forma de animais ou de um grande buquê de pedras. Era usado com roupas para o dia e também à noite. Christian Dior produziu acessórios de alta qualidade que ainda são desejados por colecionadores. As peças quase sempre trazem a data e a assinatura do estilista no verso. Outras grifes desejáveis são Miriam Haskell, Coppola e Toppo, Roger Scemama e, em menor grau, Gustavo Trifari, Eisenberg & Sons e Coro.

Chapéus variavam de pequenos toques (usados sobre um pequeno coque) a modelos de abas largas. No final da década de 1950, tornaram-se altos e cônicos, muitas vezes cobertos de flores. Compradores procuram itens feitos por grandes ateliês franceses ou pela loja americana Bes-Ben – quando não têm etiqueta ou foram produzidos por grifes de menor importância, são considerados itens de colecionador mais baratos.

Entre os sapatos, predominavam os altos de salto agulha, com bicos pontudos ou retos. Em Paris, Roger Vivier inventou o salto vírgula e o sapato bico pagoda. Sua produção de alta qualidade, muitas vezes com o uso de pedrarias, é muito cobiçada.

PIERRE BALMAIN

Os vestidos de alta-costura de Pierre Balmain (1914-1982) são admirados pelo uso de materiais suntuosos, acabamento perfeito e glamour. Românticas e femininas, suas criações seguiam a silhueta e o estilo prevalecente na época. A dona de um Balmain pode ter certeza de que a peça será impressionante e opulenta, mas nunca vulgar. O estilista falou:

> Algumas vezes, me arrependo de ter uma personalidade que me impede de criar algo horroroso, pois acredito que o pesadelo de certos modelos pode confirmar a pureza das linhas. Mas não posso me forçar a fazer isso.

O amor de Balmain por bordados e aplicações fica evidente nos grandes vestidos de baile da década de 1950 e do início da década de 1960 – são obras-primas que denotam complexidade e habilidade de tirar o fôlego. Muitas vezes, ele escondeu uma abertura ou costura vertical com a aplicação de uma flor para dar continuidade à estampa floral.

Balmain começou como aprendiz do capitão Edward Molyneux, estilista de origem britânica, em 1936, e com ele permaneceu até que o ateliê fosse fechado, no início da guerra – Molyneux exerceu grande influência sobre o discípulo.

Em 1941, na Paris ocupada, Balmain juntou-se ao grande Lucien Lelong e trabalhou ao lado do jovem Christian Dior. Tornaram-se bons amigos e passavam horas discutindo planos para abrirem juntos um ateliê. Alguns meses depois da libertação da cidade, Balmain inaugurou seu próprio negócio na rue François-1er, em outubro de 1945, tendo recebido muitos elogios. Dior deixou Lelong e fundou sua própria *maison* na primavera de 1947, mas sentiu-se traído, apesar de Balmain acreditar que a decisão de cada um seguir seu próprio caminho havia sido mútua. Os dois quase nunca conversaram nem se encontraram novamente.

Esquerda, fabuloso vestido de baile de cetim marfim, bordado com buquês tridimensionais de violeta, feitos com fitas de veludo e seda e imitações de esmeralda e ametista. Acompanha casaco volumoso de cetim violeta-claro, outono/inverno de 1955-56. (V)

Direita e abaixo, vestido de baile de chiffon pregueado com saia efeito cestaria, 1953. *Cocktail dress* bordado de cetim preto, outono/inverno de 1959-60: cetim de Leonard e bordado rococó de Lesage. (J)

Magnífico, suntuoso e muito aplaudido

Pierre Balmain era o protótipo do estilista – bonito, bem-educado, elegante e habilidoso no relacionamento com as grandes damas parisienses. Sua clientela incluía a realeza, mulheres de políticos e estrelas do cinema; a rainha Sirikit, da Tailândia, tornou Balmain seu costureiro exclusivo.

Sua verdadeira importância foi reconhecida por completo apenas mais tarde. E se, no passado, era possível comprar maravilhosos modelos Balmain por quantias relativamente pequenas, hoje os suntuosos vestidos de baile podem ser vendidos pelo merecido valor de milhares de libras esterlinas. *Cocktail dresses*, mais simples, e roupas para o dia a dia, entretanto, ainda são relativamente acessíveis.

Embora seu apogeu tenha ocorrido na década de 1950 e início da de 1960, ele trabalhou até os anos 1970, e, com sua morte, o ateliê passou para as mãos de Erik Mortenson, seu assistente por mais de trinta anos. Na década de 1970, mesmo com a produção de coleções de alta-costura, o foco era o *prêt-à-porter*. As criações subsequentes, com menor participação de Balmain, têm menos valor.

"Quando uma costura não está correta, o caso é de vida ou morte."
Ginette Spanier, diretora da Balmain

Esquerda, vestido de alta-costura de cetim bege-rosado, 1959: corpete na linha império com faixa diagonal, decote frente única e saia entravada. (M)

CRISTÓBAL BALENCIAGA – O MESTRE

Esquerda, o vestido drapeado de veludo exibe o magistral entendimento que Balenciaga tinha dos tecidos. O material vistoso atrai o olhar para a forma e as macias dobras da roupa. *Abaixo*, vestido Eisa de seda cloquê marfim com corpete esculpido e saia com efeito de anquinha. (U)

Abaixo, direita, o vestido de veludo preto do outono/inverno de 1967 mostra a influência das raízes espanholas católicas de Balenciaga: a frente arredondada e os recortes da parte de trás lembram uma casula sacerdotal. (N)

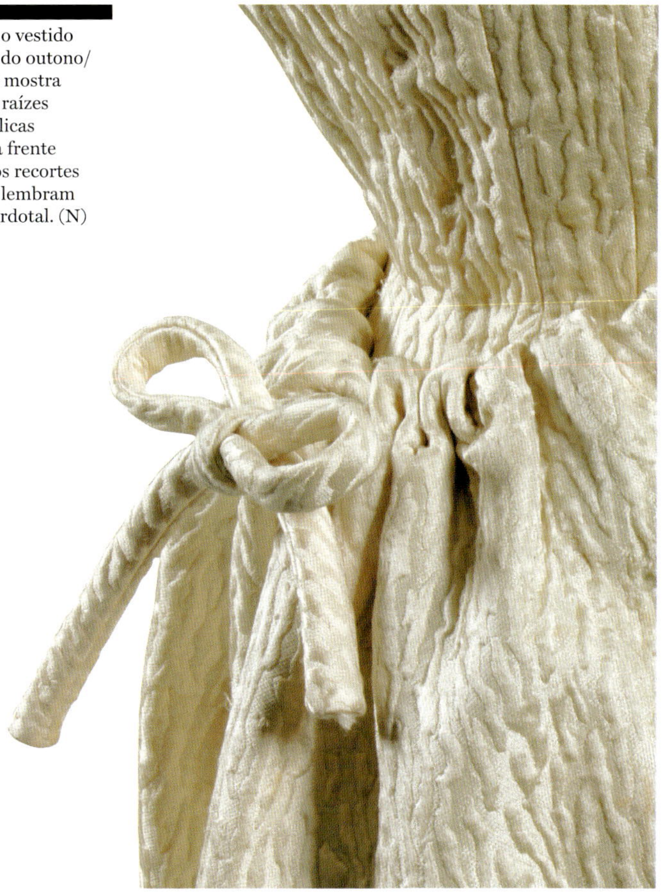

Modista e alfaiate de muito talento, Cristóbal Balenciaga (1895-1972) sabia de maneira intuitiva como obter resultados por meio de modelagens inteligentes, com o uso mínimo de pences e costuras. Era admirado no mundo todo – Christian Dior o descreveu como “o mestre de todos nós”, e Coco Chanel era entusiasta: “Apenas ele é capaz de cortar o material, montar a roupa e costurá-la à mão. Os outros só desenham croquis”.

Balenciaga aprendeu o ofício de alfaiate em San Sebastián, aos 12 anos. Lá, abriu o primeiro ateliê de alta-costura, em 1919. Cinco anos mais tarde, registrou a empresa Eisa B. E. e começou a receber encomendas da família real espanhola. Em 1933, outros endereços foram abertos em Madri e Barcelona (e fechados temporariamente em 1935). Em Paris, a Maison Balenciaga surgiu na avenue George V, em 1937. Conquistou rapidamente uma clientela internacional e foi um dos poucos estilistas estrangeiros a permanecer na cidade durante a guerra.

Balenciaga era reservado e detestava a imprensa (em 1956, ele e Givenchy exibiram suas coleções dias depois da Semana de Moda oficial para evitar o costumeiro circo da mídia e continuaram dessa maneira até o outono/inverno de 1967). Não gostava de interagir

“Quando conheci Balenciaga, percebi que não sabia nada de costura. Em uma de suas roupas, apenas uma costura no meio das costas tornava a linha tão pura e limpa que podia ser traduzida como a simplicidade em toda a sua perfeição.”
Hubert de Givenchy

com as clientes durante o trabalho (preferia ocasiões sociais) e, vestido com um jaleco branco, lapidava suas coleções nos bastidores, enquanto as vendedoras se encarregavam de comercializar os modelos.

Influências e marca registrada

Muitas criações de Balenciaga trazem marcas da cultura espanhola. Diana Vreeland, a icônica editora de moda, escreveu:

> A inspiração vinha de touradas, dançarinos de flamenco, pescadores de botas e blusas soltas, das glórias da igreja e do ar dos claustros e mosteiros. Ele aproveitava as cores e os cortes, então enfeitava tudo de acordo com seu gosto.

Algumas vezes feitas de tecido preto com detalhes também pretos, suas peças obtinham maravilhosas texturas por meio de contas de âmbar escuro lapidadas, gotas, veludo e tiras torcidas. Elaboradas passamanarias pretas contrastavam com tons claros de azul ou amarelo, remanescentes das roupas do *matador*, e vestidos de noite ganhavam detalhes inspirados nas saias em camadas ao estilo flamenco, na forte discrepância de cores e nas camadas de renda negra das mantilhas.

A influência do New Look de Dior fica evidente na cintura apertada, nas curvas pronunciadas e nas longas saias rodadas ou retas dos vestidos e *tailleurs* do início da década de 1950. Os enormes e volumosos casacos trapézio de seda otomana ou veludo são uma marca registrada e comprovam o fascínio de Balenciaga pelas proporções. Godês triangulares inseridos nas cavas para dar maior liberdade de movimento também eram típicos, e ele usava uma quantidade mínima de costuras, muitas vezes cortando a frente de um casaco em uma só peça com a manga. Para Balenciaga, menos era sempre mais.

Para o dia, em lugar de se valer de espartilhos limitadores, ele criou roupas confortáveis bem cortadas, incluindo milhares de *tailleurs* de tweed que ainda podem ser encontrados com relativa facilidade. *Cocktail dresses* e vestidos para o dia podiam ser feitos de seda em tons pastel ou grandes estampas com xadrez ou flores. Esses modelos simples muitas vezes mascaram a maestria da modelagem, com transpassados inteligentes, corpetes com pregas nas costas e amarrações escondidas. Também havia *looks* em "camadas", como o Zócalo, uma espécie de túnica para ser usada sobre um vestido que, por sua vez, era colocado sobre uma anágua que tinha a barra de tecido semelhante – ou contrastante. Para a noite, Balenciaga escolhia cores como azul-claro, safira, lilás, marfim, rosa-choque, salmão, verde-maçã e, claro, preto, para conferir dramaticidade e desviar o olhar para a forma arquitetada da roupa.

Texturas apareciam na forma de elaborados corpetes ou arremates com miçangas ou paetês, ou camadas de renda sobreposta. Um simples tubinho em tom pastel podia aparecer sob um casaco elaborado de organza ou um paletó inteiramente coberto por tiras de penas de avestruz coloridas ou flores de seda. Lesage,

Abaixo, esquerda, Ava Gardner, uma das melhores clientes do estilista, com *tailleur* de linho e chapéu vermelho vivo, 1952.

Abaixo, volumoso casaco trapézio de *faille* de seda preto, c. 1958. As golas enormes, semelhantes a uma capa (que podem ser puxadas sobre a cabeça, para formar um capuz), foram usadas por Balenciaga entre 1948 e a década de 1960. (M) A etiqueta "Eisa" denota alta-costura feita nos ateliês espanhóis do estilista.

Abaixo, vestido de gazar marfim da primavera/verão de 1967: repare na forma escultural fluida, sem ornamentos. Com um véu cônico de gazar, Balenciaga transformou a peça em um vestido de casamento. (M)

Abaixo, centro e direita, cocktail dress de alta-costura feito de xantungue marfim bordado, primavera/verão de 1960: linha princesa com cintura marcada e saia em forma de sino; o bordado de Lesage lembra a estampa dos xales espanhóis ou Manila. (M) Etiqueta de alta-costura proveniente de Paris.

o especialista em bordados, também produziu padrões sob encomenda para Balenciaga, trabalhados sobre seda crua e chenile texturizado ou imitando as flores dos xales espanhóis. No fim dos anos 1950 e começo da década seguinte, o estilista usou ainda tafetás estampados para casacos e vestidos de noite.

Com Balenciaga, devemos sempre olhar primeiro a modelagem. Quanto mais fluido, escultural e aparentemente simples, melhor. No decorrer da década de 1950, ele se tornou mais confiante e perito em seu próprio estilo, em que a simplicidade era fundamental. As maiores inovações do período foram a linha com cintura desabada (que desviou o foco para o quadril) de 1951, as túnicas (Zócalo) de 1955, o vestido-saco ou *chemise* (ambos sem nenhuma cintura marcada) de 1957, a linha império (com a linha da cintura bem abaixo do busto) de 1958 e o baby-doll do mesmo ano, um tubinho de cor forte usado sob um sobrevestido de renda abundante ou tafetá de seda com babados na barra.

Sua última coleção foi a de primavera/verão, em 1968. Ele detestava os excessos vulgares da nova década. Em uma rara entrevista, afirmou: "A vida que dava espaço para a alta-costura acabou. A verdadeira alta-costura é um luxo impossível de ser feito novamente".

Mercado

As peças de influência espanhola das décadas de 1940 e 1950 são muito procuradas, pois combinam a lealdade de Balenciaga à sua ascendência, a modelagem inteligente e o uso de cor e textura. Peças subsequentes aos modismos do início da década de 1950 são em geral menos cobiçadas que os modelos mais livres e radicais do fim do período e dos anos 1960 – quanto mais dramático e escultural for o exemplar, mais alto é o preço. Etiquetas com a inscrição "Balenciaga, avenue George V" denotam a produção parisiense; as marcadas com o nome "Eisa" foram confeccionadas nos ateliês espanhóis. Os acabamentos e tecidos das peças francesas tendem a ser um pouco melhores, mas todos são alta-costura.

"Grace" [graça] era o nome perfeito para essa mulher (1929-1982) naturalmente elegante e serena. Quando abraçou a carreira de atriz, apresentava o estilo conservador do *prêt-à--porter* americano e chegava para as audições em aprumados *tailleurs* à moda executiva com chapéu e luvas brancas. Laura Clark, editora da *Harper's Bazaar*, descreveu seu estilo como "quase colegial".

Mas a próspera carreira em Hollywood e o encontro, em 1954, com o delicado estilista americano de origem francesa Oleg Cassini (1913-2006) mudaram tudo, e os dois planejaram se casar. Embora isso não tenha acontecido, ela com frequência era fotografada com peças de Cassini. Calças cápri, camisas de algodão, echarpes no cabelo e alpargatas compunham seu *look* informal – e *twin sets* com colares de pérolas definiam seu estilo.

Grace era admirada pela atuação e pela maneira como aparecia na tela. Em *Ladrão de casaca*, cujos figurinos foram criados pela lendária Edith Head, usou elegantes roupas de praia com óculos escuros em forma de asa e cabelos protegidos por lenço e chapéu; também apareceu com um etéreo vestido de chiffon à moda grega que lembrava as criações do estilista francês Jean Dessès. Quando ganhou o Oscar, recebeu o prêmio com um vestido de cetim verde-água de Edith Head que tinha um pequeno laço, alcinhas e saia com cauda, modelado para enfatizar a cintura fina e realçar seus olhos azuis e cabelos louros. A atriz frequentemente usava tons de azul, rosa-claro, bege, branco e amarelo, sua cor favorita.

Em 1955, mesmo ano em que foi pedida em casamento pelo príncipe Rainier, de Mônaco, ela apareceu em primeiro lugar na lista das americanas mais bem-vestidas, empatada com Babe Paley – é interessante notar que, ao contrário de Grace Kelly, Paley usava apenas alta-costura. As roupas do matrimônio foram feitas por Helen Rose, estilista da MGM: para a cerimônia civil, um *tailleur* de tafetá cor--de-rosa recoberto por renda guipure bege, com corpete justo e saia rodada na altura do tornozelo; para a igreja, um espetacular vestido com corpete justo de renda Bruxelas e uma larga faixa na cintura sobre a saia de *faille* em forma de sino, além de longa cauda. O enxoval, com quarenta modelos, mais parecia um catálogo dos estilistas e ateliês americanos, incluindo James Galanos, Ceil Chapman, Traina-Norell, Harvey Berin, Pauline Trigère, Adele Simpson, Mollie Parnis, Larry Aldrich, Christian Dior-New York, Ben Zuckerman, Suzy Perette e Claire McCardell.

Como princesa Grace de Mônaco, ela favorecia grifes parisienses como Yves Saint Laurent, Lanvin-Castillo, Grès e Chanel, embora suas preferidas fossem Dior, Balenciaga e Givenchy. Em 1956, um acessório tornou--se para sempre ligado a seu nome: a bolsa Kelly, da Hermès, patenteada pela empresa em 1935, foi rebatizada em honra de Grace, pois ela era fotografada constantemente com o objeto em frente à barriga para disfarçar a gravidez. Feita com muito esmero, a Kelly continua a ser um ícone do bom gosto – assim como a própria princesa.

Abaixo, Grace Kelly nas filmagens de *Ladrão de casaca* (1955). Bolsa Kelly, da Hermès, década de 1950. (K)

Direita, Kelly usa um vestido drapeado de chiffon à maneira de Dessès, criado por Edith Head para o filme *Ladrão de casaca*.

Ícone de estilo

GRACE KELLY

"Acho importante observar a pessoa primeiro e só depois reparar nas roupas." *Grace Kelly*

O que Grace usava?

** Malhas Pringle * Calças cápri * Alpargatas * Echarpe de seda * A bolsa Kelly, da Hermès * Vestido para a noite em estilo deusa * Colar de pérolas*

DIOR NA DÉCADA DE 1950

Christian Dior fez um sucesso enorme quando mostrou sua primeira coleção, em 1947, e dominou a alta-costura parisiense e o mundo da moda até a morte precoce [em 1957]. Durante a década de 1950, todos ficavam na expectativa para saber quão longas ou curtas seriam as barras de seus modelos e qual tendência lançaria a cada nova temporada.

Ao contrário de outros estilistas da época, bonitos e delicados, na meia-idade Dior era tímido, gordo e careca. Mas o que estava em voga não era ele, e sim seu dinamismo e sua visão criativa. A estrutura de um vestido Dior é quase arquitetônica – certa vez, ele disse que "sem alicerces, não há moda". Os vestidos de baile não precisavam de nenhum reforço, pois tudo estava incorporado: espartilhos com base de tule elástico especial, saias com camadas de tule engomado (muitas vezes com a barra fortalecida por náilon ou crina de cavalo), camadas diáfanas de organza de seda usadas junto à pele. Alguns incluíam até a liga para as meias. As formas eram sensuais, voluptuosas e incrivelmente femininas.

Dior trabalhava sobre um desenho básico, a lápis, seguido por um protótipo de chita em que eram feitas centenas de pequenos ajustes. Acessórios e joias eram meticulosamente escolhidos, e então ele colocava um preço na peça – levando em conta o valor do tecido e o tempo necessário para ficar pronta.

Trafalgars

Dior podia batizar as duas coleções anuais (tradição até hoje mantida por diversos estilistas) inspirado por um sentimento, por sua flor favorita ou pela silhueta das roupas. As peças-chave que davam as diretrizes de cada estação, esperadas com ansiedade pela imprensa de moda, eram chamadas "trafalgar". Mas a grife também produzia modelos mais convencionais, para, ao mesmo tempo, agradar aos jornalistas e garantir o sucesso comercial da casa.

Dior, o empresário

Em 1950, a Maison Christian Dior respondia por 50% da receita de exportação da alta-costura francesa. Os desfiles atraíam compradores das maiores lojas de departamento dos Estados Unidos, para quem os impostos de importação eram proibitivamente altos. De maneira alternativa e sob um rígido licenciamento, os costureiros das lojas faziam cópias de alguns vestidos; se o original fosse reexportado para o Canadá, o imposto pago no início poderia ser recuperado. Portanto, não é incomum encontrar exemplares magníficos de alta-costura no Canadá!

Outra opção era a loja comprar o protótipo (o modelo real) com a condição de produzir um número limitado de vestidos nos Estados Unidos, evitando os impostos de importação. Essas cópias trazem a etiqueta "Patron Original". A qualidade e os tecidos podem variar e não representam alta-costura verdadeira, mas ainda assim são esplêndidos.

Dior para todos

Em 1955, Dior abriu sua primeira butique para vender bijuterias, echarpes e outros acessórios, além de roupas. Os vestidos com a etiqueta da loja podiam ter acabamento mais esmerado, principalmente se a cliente fosse importante, e as modistas faziam uma prova ou ajuste, se necessário – eram "semialta-costura".

Também estavam disponíveis em 87 ateliês licenciados em outros países. Os

Abaixo, esquerda, sapatos de cetim azul-claro com rosas de seda, década de 1950. Foram feitos por Roger Vivier, que criou elegantes calçados para Dior entre 1953 e 1963 com tecidos que combinavam perfeitamente com as roupas de alta-costura. Repare na curva do salto – a invenção mais famosa de Vivier foi o salto vírgula. (B) *Direita,* vestido para a noite de tafetá vermelho vivo com corpete justo forrado de organza e pantalona de inspiração oriental (que não aparece na foto). Outono/inverno de 1958-59, a primeira temporada de Yves Saint Laurent como principal estilista da grife. (U)

Direita, Dior ajusta o vestido na modelo, c. 1950.

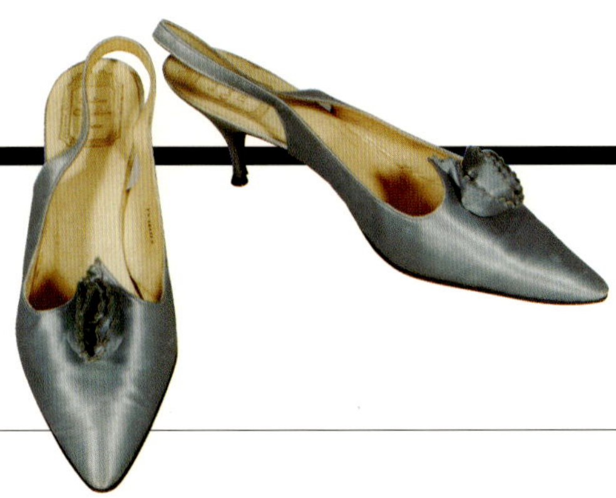

mais importantes, como os de Nova York ou Londres, aceitavam encomendas de alta--costura supervisionadas pelos principais estilistas de cada endereço (em Londres, o cargo era de Marc Bohan). A maior parte do estoque, porém, correspondia ao *prêt-à--porter* oficial Dior, com peças que exibiam etiquetas como "Dior London" ou "Dior New York", sem a data das coleções. Fabricadas com bons tecidos, tinham a estrutura interna característica de Dior e excelentes estampas (adaptadas para a produção em massa), mas os acabamentos eram feitos à máquina. Vendidas em tamanhos-padrão, permitiam apenas pequenos ajustes.

A Dior foi a primeira grife de alta-costura a tornar-se uma supermarca verdadeiramente global; o licenciamento em troca de royalties era concedido, ainda, para a produção de peles, joias, meias e gravatas, sem que a Maison Dior se envolvesse na fabricação dos produtos. Dessa maneira, uma mulher podia comprar um par de meias ou um perfume e sentir-se parte do universo de luxo e magia Dior, algo que agradava muito ao fundador.

O estilista também foi esperto ao reconhecer que já estava na meia-idade e, por isso, precisava de sangue novo para manter a marca próspera e relevante. Em 1955, o "rei da alta-costura" escolheu como herdeiro o jovem Yves Saint Laurent – o caso de um gênio reconhecido por outro.

O rei está morto. Vida longa ao rei!

Quando Dior morreu, em outubro de 1957, a França ficou de luto. O jovem Yves Saint Laurent (1936-2008), que havia colaborado com o mestre nas últimas coleções, assinou as primeiras peças em janeiro de 1958. Foi um sucesso tremendo, com roupas mais soltas, joviais e fluidas (embora, por dentro, mantivessem reforços ocultos para manter o corpo no lugar), menos exageradas e opulentas, com silhueta triangular e tecido que caía dos ombros estreitos em direção a uma barra ampla. Para clientes mais ortodoxas, também foram feitos alguns vestidos de baile com pedrarias, de acordo com o gosto prevalecente em meados do século, e assim o sucesso da grife foi garantido.

Para colecionar Dior

Na década de 1990, era possível comprar sublimes *cocktail dresses* bordados ou com miçangas por apenas algumas centenas de dólares ou libras esterlinas. Hoje, com a ascensão do mercado e do interesse por Dior, as mesmas peças podem chegar a cifras na casa dos milhares. A grife é uma joia para os colecionadores de moda vintage. Suas roupas personificam o ar romântico da época e apresentam os mais altos níveis de acabamento, tecido e design da alta-costura.

Todas as criações da Maison Dior entre as décadas de 1940 e 1950 são cobiçadas, incluindo as de 1958-59, assinadas pelo jovem Saint Laurent. Alguns anos atrás, as etiquetas "Dior London" e "Dior New York" podiam ser encontradas por preços relativamente baixos, mas hoje são bem mais disputadas. Quem compra essas linhas obtém design e construção Dior verdadeiros, mas tecidos menos nobres e acabamento de *prêt-à-porter*.

De cima para baixo, a etiqueta "Patron Original" indica um modelo com desenho de Dior, mas que não foi feito pela *maison*. Etiqueta de alta-costura com indicação de data, criada em 1952. Etiqueta de *prêt-à--porter* do final da década de 1950; outras semelhantes foram usadas no ateliê de Nova York.

"Modelei os vestidos seguindo as curvas do corpo feminino para valorizar sua forma." *Christian Dior*

Esquerda para a direita, vestido Avril, de organza branca, bordado com buquês de violetas, primavera/verão de 1955. (R) Vestido para a noite da Dior London, feito de cetim adamascado cor-de-rosa, com corpete linha império e cinto à moda dos *obis* com laço destacável, saia-tulipa e anáguas de tule. (L) Vestido Esther de tule marrom, alta-costura do outono/inverno de 1952. (U)

CHANEL PÓS-GUERRA

As criações de Chanel são clássicos atemporais, e suas peças vintage de alta-costura podem ser usadas, hoje, da mesma forma como na época em que foram produzidas. Quem compra um *tailleur* Chanel não duvida da qualidade e da longevidade da vestimenta, que ainda exibe conforto, minimalismo e uma elegância obtida aparentemente sem esforço. Gerações diferentes podem usar o mesmo conjunto e sentir-se igualmente poderosas.

Em 1953, incomodada e desanimada com os espartilhos e a silhueta restrita de *messieurs* Dior e Fath, entre outros, a estilista de 71 anos voltou à ativa. Em 5 de fevereiro de 1954, lançou uma coleção e obteve críticas díspares. No começo, a imprensa de moda europeia foi hostil, pois não esqueceu – nem perdoou – o fato de ela ter literalmente dormido com o inimigo na Paris ocupada [durante a guerra]. A reação americana, no entanto, foi arrebatadora, e a influente jornalista Bettina Ballard incensou Chanel novamente. Suas roupas elegantes, usáveis e principalmente confortáveis agradavam aos compradores americanos e seu gosto mais esportivo: *tailleurs* de lã azul-marinho com golas e punhos brancos, paletós adornados por camélias de organza de seda, vestidos de cintura desabada que lembravam a década de 1920 (em plena era da cintura supermarcada) e românticos vestidos de renda. Chanel amava o material e desde os anos 1920 vinha criando vestidos de renda em camadas, pretos ou em tons pastel. As versões de meados da década de 1950 eram românticas e femininas, de saia rodada, com barbatanas no corpete para produzir a silhueta correta. Para fazer bonito à noite, as mulheres precisavam sofrer um pouco!

Desde a década de 1920, a estilista havia trabalhado com malhas, jérsei e tweed, mas nos anos 1950 o *tailleur* Chanel ganhou sua forma definitiva e tornou-se símbolo

Esquerda para a direita, *cocktail dress* de cetim marfim e cor de vinho, saia de organza com poás. (L) Vestido de renda de alta-costura com corpete justo e babados na barra. (M)

Direita, Coco Chanel ajusta *cocktail dress* de tule em camadas e enfeitado por broche na cintura, 1959.

de status. A princesa Grace, de Mônaco, foi fotografada com um deles, ao lado dos filhos, no Natal; Romy Schneider os usava na tela e fora dela; Elizabeth Taylor tinha um conjunto de brocatelle dourado e forro de seda cor de framboesa.

Elegância sem esforço

Os *tailleurs* Chanel das décadas de 1950 e 1960 não mudaram drasticamente e podiam ser usados de dia e à noite. Peças do período apresentam arremates com fitas em cores contrastantes, detalhes nos bolsos e berloques pendurados para manter o paletó no lugar. Na década de 1950, a saia era mais longa e reta; mais tarde, passou a seguir a linha A, e a barra começou a subir. Conjuntos de alta-costura geralmente vinham com um simples corpete de seda ou uma blusa com punhos destacáveis e abotoaduras em tecido correspondente. Paletós foram matelassados para ganhar conforto, e o forro combinava com a cor da blusa. Chanel dedicava-se muito à construção e à inserção das mangas; preferia uma cava mais alta e mangas estreitas. Fez esforços incríveis para garantir que estivessem perfeitas, obrigando as modelistas a lidar com alfinetes até se satisfazer. "A saia é feita para o cruzar das pernas, e a cava, para o cruzar dos braços."

A bolsa 2.55

Para complementar as roupas, Chanel desenhava e encomendava acessórios luxuosos. Em fevereiro de 1955, produziu uma versão atualizada de sua bolsa de mão – de jérsei ou couro matelassado e alça para os ombros. Nascia a clássica 2.55, disponível em preto, azul-marinho e marrom-escuro com forro de gorgorão ou couro cor de vinho. Sapatos bicolores de couro, com bico preto e tornozelo aberto, surgiram na década de 1950, evocando os modelos que ela havia usado trinta anos antes; são importantes componentes do estilo Chanel.

Ela também encomendava bijuterias e joias que lembravam as maravilhosas peças que usava desde a década de 1930 – fileiras de pérolas, pulseiras com pedrarias, broches de camélia de vidro, brincos, pingentes com a cruz maltesa e *sautoirs* [colares longos] de pérolas feitos por Robert Goossens e Gripoix. As bijuterias eram sempre caras e, por isso, ainda mais desejadas!

Trajes e acessórios vintage Chanel são muito procurados por colecionadores. A alta-costura da década de 1960 é disputada por museus e clientes que desejam usar as vestimentas – ainda que acessíveis, os preços às vezes podem subir muito. Modelos vendidos pelas butiques a partir da década de 1980 são comprados principalmente para serem usados, já que os preços são uma fração dos cobrados por itens novos nas lojas da grife. Bolsas 2.55 de couro (e, um pouco menos, as feitas de jérsei) são clássicos do design, e muitas mulheres acreditam que seu guarda-roupa está incompleto sem pelo menos um exemplar. Atemporais e maravilhosas, as bijuterias Chanel são muito cobiçadas – feitas por Gripoix na década de 1930, podem alcançar milhares de libras esterlinas.

Abaixo, bolsa 2.55 (batizada em função da data em que foi criada) de jérsei preto matelassado, da década de 1960, com fecho "CC" (veja detalhe) e corrente dourada. Modelos mais antigos têm fechos simples. (F)

De cima para baixo, etiquetas de alta-costura da década de 1960 e da butique, década de 1980.

Esquerda, pulseira de resina preta com pérola e vidro verde e vermelho, com a inscrição "Chanel". (L)

Abaixo, tailleur de alta-costura de tweed lilás e preto, outono/inverno de 1959-60. (G)

Direita, tailleur de alta-costura de tweed bege e azul-marinho, c. 1957: botões com a figura de um leão, correntes, forro de seda azul-marinho e comprimento nos joelhos. (G)

19

60

Em 1960, os jovens vestiam-se como seus pais: roupas estruturadas, acessórios coordenados, respeitáveis ternos com gravata. Os anos seguintes, porém, foram marcados por mudanças que tiveram Londres como polo. Viagens espaciais, arte pop, *looks* retrô e o movimento hippie tiveram forte influência sobre o período. Colarinhos e gravatas foram descartados em favor de golas rulê, paletós sem gola, jaquetas de veludo e camisas com babados. E tanto os ateliês de alta-costura quanto as lojas de varejo adotaram fibras sintéticas em cores vibrantes, que não encolhiam nem precisavam ser passadas.

Rebelião jovem

A nova moda mostrou o espírito pós-guerra de rebelião juvenil e a liberação tanto dos homens quanto das mulheres. Foi a década do "dândi", com rapazes em roupas vintage eduardianas – resgatadas de algum sótão da família ou dos brechós de Portobello Road – nas páginas da *Vogue* britânica. Celebridades como os Beatles e os Rolling Stones adotaram ternos sem lapela, uniformes militares enfeitados, camisas florais, contas indianas e caftãs. O uso recreativo de drogas, a aceitação da pílula anticoncepcional e a mobilidade social, maior do que antes, ajudaram a definir os *swinging sixties* [loucos 1960].

Mas também foi uma época de inocência, em que as restrições das autoridades foram rejeitadas em favor do "paz e amor", e isso se refletiu nas roupas. Jean Shrimpton e Twiggy exibiam modelos produzidos por Ossie Clark, Marion Foale, Sally Tuffin e Zandra Rhodes, jovens e inovadores alunos das escolas de arte de Londres, e todos clamavam pelo "*look* londrino". Os cabelos tornaram-se mais compridos, muitas vezes com apliques ou perucas, e em 1963 Vidal Sassoon introduziu o curto assimétrico para complementar o visual do qual Twiggy se tornou o ícone [nos olhos, cílios postiços, delineador e muitas camadas de máscara].

Em 1964, dois anos antes da versão de Yves Saint Laurent, Marion Foale e Sally Tuffin produziram o controverso terno para mulheres. Era um símbolo da liberação feminina, mas quem o usava muitas vezes era proibido de entrar em restaurantes, e o *Daily Mail* notou que "as garotas querem ser garotos. Gostem ou não – e muitos homens não gostam". Londres dominava o cenário da moda, e Paris, tão acostumada à vanguarda, não podia ignorar o surgimento de talentos inovadores na capital britânica, e aos poucos os ateliês adotaram muitas ideias londrinas, expandindo e alçando as influências para outro nível. O único estilista a rejeitar a minissaia foi Cristóbal Balenciaga, que achava tudo muito vulgar e se aposentou em 1968.

O mundo da alta-costura parisiense já tinha sido abalado pelo jovem Yves Saint Laurent – sua última coleção para a Dior, em 1960, foi controversa e revelou-se um fiasco financeiro, mas exerceu muita influência. Para a *Vogue*, "o *look* beat é novidade na Dior... rostos pálidos de zumbi; casacos e ternos de couro; capuz de tricô e golas rulê, preto sem fim". Os

Abaixo, vestido de papel com estampa psicodélica feito para o mercado francês em meados da década de 1960: além da frase "I like boys" [gosto de garotos], exibe o nome de estrelas pop e políticos contemporâneos. (J)

Direita, Jean Shrimpton (conhecida como "The Shrimp") com minivestido psicodélico e sandálias de dedo, em 1967.

Introdução

OS REVOLUCIONÁRIOS ANOS 1960

"Os anos 1960 foram bem diferentes dos 1950: as cores, as drogas, a liberdade." *Jean Shrimpton, modelo*

modelos eram muito radicais para a clientela Dior, e, em 1961, Saint Laurent foi substituído por Marc Bohan, elogiado pelos *tailleurs* e vestidos de noite atemporais e elegantes.

Nos Estados Unidos havia sido eleito um presidente jovem e dinâmico, John F. Kennedy, e sua glamorosa mulher usava *tailleurs* e vestidos clássicos de Oleg Cassini e Pauline Trigère, inspirados em Givenchy e feitos em tons pastel. Apesar da Guerra Fria, havia otimismo e interesse por tudo o que fosse futurístico; a corrida espacial arrebatou a imaginação pública. Paco Rabanne, André Courrèges e Pierre Cardin produziram vestimentas futuristas incorporando plástico, vinil e metal; as latas de sopa Campbell pintadas por Andy Warhol estamparam vestidos descartáveis de papel.

No fim da década havia várias tendências em voga ao mesmo tempo – era possível ser uma romântica heroína eduardiana vestida por Gina Fratini com babados e madeixas encaracoladas; uma hippie-chique em caftãs de Thea Porter com flores no cabelo ondulado inspirado pelo resgate da estética pré-rafaelita; usar estampas étnicas e casacos afegãos bordados com miçangas e tiaras; ou partir para o psicodélico, com as criações de Emilio Pucci. O estilo dos mods conquistou os mais modernos, sutiãs foram queimados, e Ossie Clark e Yves Saint Laurent produziam roupas diáfanas e transparentes que envolviam o corpo e enfatizavam os seios. Foi a época do Verão do Amor, da revolução estudantil em Paris, das manifestações contrárias à Guerra do Vietnã e de um interesse crescente por filosofias orientais e pela vida em comunidade.

Acima, modelo com minivestido floral de Pauline Trigère, fotografada no exótico Shiv Niwas Palace, em Udaipur, Rajastão, 1967.

Direita, túnica e capacete de metal Paco Rabanne, 1966.

MARY QUANT

Acima, Mary Quant com seu cabelo curto característico, assinado por Vidal Sassoon, cercada de modelos com as inovadoras botas de plástico moldado à máquina, 1967.

Acima, gizes de maquiagem Mary Quant vendidos em embalagens de lata no fim da década de 1960. Etiqueta "Mary Quant". *Abaixo*, botas de plástico moldado à máquina, meados dos anos 1960, com logotipo de margaridas na base do salto e forro de malha. (C) Outros modelos, como vistos na p. 102, podiam exibir ilhoses e fivelas.

Mary Quant (1934), formada pela Goldsmiths, deu impulso ao movimento butique quando abriu a Bazaar na King's Road, em 1955. Cara, em comparação com outros endereços, vendia roupas de formas simples, golas Peter Pan ou de rufos e saias mídi, que parecem comuns hoje em dia. Mas o estilo era juvenil – vestidos básicos para o dia de lã cor de laranja, tweed com efeito listrado, tecidos atoalhados. Quant usava as vitrines modernas e sempre diferentes da loja para atrair o interesse da mídia e, vestida com seus próprios modelos e exibindo o cabelo curto geométrico concebido por Vidal Sassoon, criou uma marca registrada imitada por milhares de pessoas.

Em 1962, a estilista lançou a linha Ginger Group, mais barata: *prêt-à-porter*, feita em quantidade e distribuída a butiques e lojas de departamento em toda a Inglaterra. No início da década de 1960, a rede americana J. C. Penney comprou 6 mil peças, e, em 1965, Quant fez fortuna em decorrência de um inteligente exercício de marketing chamado Youthquake [em uma referência ao termo cunhado por Diana Vreeland para denominar o movimento que envolveu cultura, moda e música e tomou a cena urbana londrina]. O objetivo era introduzir nos Estados Unidos a efervescente moda britânica. Sally Tuffin, contemporânea de Quant, lembra-se de ser recebida com hostilidade, pois os vestidos curtos e as botas que usava eram considerados inapropriados ou, pior ainda, indecentes. Ao lado de modelos inglesas, como Pattie Boyd, de um típico ônibus vermelho londrino e de uma banda americana no estilo dos Beatles, The Skunks, Quant exibiu trinta peças em uma "turnê" de catorze dias por doze cidades. Em 1966, aceitou sua Ordem do Império Britânico em um minivestido. Apesar de não ter sido a "inventora" do comprimento curto, contribuiu para popularizá-lo e torná-lo universal.

Mercado

Embora muito arrojadas na época, as criações mais antigas de Mary Quant parecem até sóbrias para o mundo de hoje e alcançam quantias modestas nos leilões. Mais características dos *swinging sixties*, as peças posteriores, de plástico ou vinil, atingem valores mais altos. O preço aumenta se um vestido puder ser identificado em alguma fotografia do período, pois isso desperta maior interesse dos museus.

Direita, minivestido vermelho de linho, Ginger Group, meados da década de 1960. (B) Vestido de lã preto e branco, 1963. Jean Shrimpton apareceu com o modelo no *Sunday Times*. Originalmente, custava 25 guinéus. (L)

O MOVIMENTO BUTIQUE

Em 1967, garotas de 15 a 19 anos adquiriam cerca de metade das roupas vendidas no Reino Unido. Faziam compras aos sábados e, à noite, vestiam as novidades para dançar em uma discoteca, outra inovação da época. Cathy McGowan, apresentadora do programa pop de TV *Ready Steady Go!*, era uma inspiração – o que ela usava na sexta-feira seria vendido em enormes quantidades no dia seguinte.

Os clientes não se contentavam mais em esperar durante meses pelo *look* da próxima estação, e as pequenas butiques, com jovens estilistas, conseguiam reagir rapidamente e incorporar as últimas tendências da moda, o que ajudava a atrair mais consumidores em busca de lançamentos. O estoque das lojas podia acabar durante o dia, mas era reposto à noite. Os próprios locais eram atrativos: música pop em volume alto, vendedores quase indistinguíveis dos fregueses e ambientação divertida, como na Granny Takes a Trip. Em 1962, Marion Foale e Sally Tuffin abriram uma loja próximo à Carnaby Street. A exemplo de Mary Quant, ambas confeccionavam e vendiam os produtos. Jean Muir, da Jane & Jane, também mantinha um empreendimento de sucesso; Sylvia Ayton e Zandra Rhodes, apadrinhadas pela atriz Vanessa Redgrave, inauguraram a Fulham Road Clothes Shop. Um dos nomes mais inovadores era John Bates, que, sem ter sido treinado na área, criou peças revolucionárias (Marit Allen, da *Vogue*, atribuía a ele a invenção da minissaia) que podiam ser vendidas em lojas de departamento com sua própria etiqueta ou como "Jean Varon", pois os clientes continuavam dando valor a influências francesas.

Em Londres, as lojas Biba e Mr. Freedom vendiam, ainda, um estilo de vida, oferecendo móveis e alimentos além das roupas. A Biba surgiu em 1964 e alcançou uma clientela enorme com a venda por catálogo. Redes como Dorothy Perkins e Wallis produziam modelos bem desenhados e acessíveis para as massas – a Wallis fez uma cópia que vendeu muito do tradicional *tailleur* Chanel. Em Londres, as butiques masculinas concentravam-se nas ruas Carnaby, King's e Savile Row, onde jovens vaidosos eram atraídos pela moda de John Stephen, Mr. Fish, Lord John, Tommy Nutter, Blades, Top Gear, Countdown e I Was Lord Kitchener's Valet. Curiosamente, as vistosas peças dândi desse período são muito procuradas e difíceis de encontrar, o que leva à suspeita de que talvez não existissem tantos homens moderninhos quanto a imprensa da época gostava de sugerir.

Celebridades também entravam no ramo. O jogador de futebol George Best abriu uma butique unissex em 1967, seguido por Cathy McGowan e Twiggy. Havia uma proliferação de endereços na Europa e nos Estados Unidos, e, em 1963, Sonia Rykiel criou produtos (que Brigitte Bardot usava com frequência) para a loja parisiense Laura.

Youthquake

Em julho de 1965, a primeira turnê Youthquake levou oficialmente a minissaia aos Estados Unidos. Outras viagens foram feitas nos anos seguintes com estilistas e modelos britânicos, como John Bates e Jean Shrimpton, que apareceram na *Vogue* americana. Para não ter que importar – e pagar o frete e as taxas alfandegárias –, a J. C. Penney produzia as criações dos ingleses em larga escala, o que muitas vezes baixava o preço de cada peça para cerca de US$ 20-30.

Até 3 mil pessoas apareciam nesses badalados eventos. Incentivado por esse sucesso, Paul Young abriu a primeira butique Paraphernalia em Nova York, em 1966, para vender grifes britânicas e europeias, bem como o trabalho de americanos arrojados, como Betsey Johnson. A atriz Susannah York inaugurou a loja – uma escolha inspirada, já

Abaixo, conjunto de calça e blusa de cetim amarelo estampado da Fulham Road Clothes Shop, fim da década de 1960, com etiqueta "Zandra Rhodes and Sylvia Ayton". (F)

Direita, modelos com vestidos de Betsey Johnson para a Paraphernalia e meias opacas da Solar.

Esquerda, paletó masculino de veludo azul-royal Mr. Fish, fim da década de 1970: etiqueta laranja "Clifford Street" e forro estampado de seda azul e branco. (E)

Abaixo, paletó de cetim adamascado vermelho com abotoamento duplo e etiqueta "John Stephen Carnaby St.", final da década de 1960. John Stephen era considerado o "rei de Carnaby Street". Em 1967, ele disse: "Carnaby é criação minha, tenho por ela o mesmo apreço que Michelangelo tinha pelas belas estátuas que esculpia". (L)

Abaixo, minivestidos de seda multicolorida, meados da década de 1960. (A, cada um)

Abaixo, direita, movimento de compras na Carnaby Street, fim da década de 1960.

que havia acabado de estrelar um filme sobre estilistas, *Um jogador romântico*. Marketing inteligente, peças inovadoras e os preços acessíveis garantidos pela produção em massa resultaram em 44 franquias da Paraphernalia nos Estados Unidos, em 1968.

Na Europa, Yves Saint Laurent percebeu o declínio da alta-costura e abriu sua primeira loja com a marca Rive Gauche, em 1966. Foi a primeira vez que um grande estilista dedicou-se tanto ao *prêt-à-porter* quanto à alta-costura. Lanvin, Givenchy, Nina Ricci e Pierre Cardin logo fizeram a mesma coisa. Como regra, se era barato quando foi lançada, é barato para colecionar hoje em dia (uma notável exceção é a vistosa linha masculina, que atinge altas cifras em leilões). Redes conhecidas e marcas como Dollyrocker, Ginger Group, Sambo e Bus Stop tinham excelente modelagem em tecidos e acabamentos mais simples. Minivestidos de poliéster colorido, que resumem o *look* dos anos 1960, são alguns dos itens colecionáveis mais em conta de todos. Costumam ser adquiridos por quem deseja vesti-los, e não tanto por colecionadores, pois são divertidos, acessíveis e fáceis de usar.

Tudo começou com um corte de cabelo. Leonard, o cabeleireiro da moda em Mayfair, escolheu uma estudante de 16 anos, tingiu seu cabelo e o cortou liso e curto, rente à cabeça, com um quê masculino – isso numa época em que topetes colmeia ou longos com franja ditavam a moda. Deirdre McSharry, editora de moda do *Daily Express*, gostou do visual, mas amou ainda mais a modelo e pediu para entrevistá-la, declarando Twiggy (Lesley Hornby, 1949) o "rosto de 1966".

Apesar da pouca idade, Twiggy tinha segurança e presença em frente às câmeras. Os fotógrafos a adoravam. Diana Vreeland, editora de moda da *Vogue* americana, declarou que ela era a "minigarota em uma época de mínis", e, no intervalo de um ano, a modelo apareceu em treze editoriais e cinco capas internacionais da revista.

Em fevereiro de 1967, ela lançou a linha Twiggy Dresses, criada com Paul Babb e Pamela Proctor, recém-formados no Royal College of Art. Vendidos entre £ 6 e £ 13, os vestidos eram simples, coloridos e fáceis de usar – "alegres, mas sem chamar a atenção", como disse Twiggy ao *Sydney Morning Herald*. Cada peça vendida era acompanhada de um cabide grátis com o retrato da modelo. A marca fez sucesso durante três anos.

Twiggy também lançou a coleção nos Estados Unidos, onde foi recebida com furor pelos fotógrafos e mereceu três programas da ABC para registrar sua visita. A etiqueta supostamente arrecadou mais de US$ 1 milhão em encomendas, com ela ainda em Nova York, e cópias piratas baratas dos modelos invadiram o mercado antes que a empresa pudesse reagir. No Japão, em 1968, a modelo foi festejada, fotografada e cercada por fãs. Os vestidos da marca, embora muito desejados por colecionadores, têm preços relativamente acessíveis.

Twiggy aposentou-se como modelo depois de apenas quatro anos, declarando que não podia "ser um cabide por toda a vida!". Apesar da carreira curta, o efeito foi profundo. Seu físico magro e adolescente e as pernas compridas e finas (daí seu apelido de infância, "twigs", "gravetos") combinavam perfeitamente com a moda do período – fossem terninhos andróginos, vestidos simples em linha A com golas incrementadas ou formas futuristas e geométricas, com o mínimo de detalhes. Ela foi a primeira supermodelo a conquistar estrelato mundial, e sua face tristemente bela e inocente tornou-se a imagem emblemática e definitiva da década de 1960.

Abaixo, esquerda para a direita, cabide da butique de Twiggy acompanhava cada roupa comprada, c. 1967. Vestido amarelo de organdi da marca Twiggy, 1967. (D)

Direita, Twiggy em foto de Gösta Peterson para o *New York Times*, 1967. Os vestidos de sua marca supostamente venderam mais de US$ 1 milhão em encomendas antes ainda de ela deixar Nova York na ocasião do lançamento nos Estados Unidos.

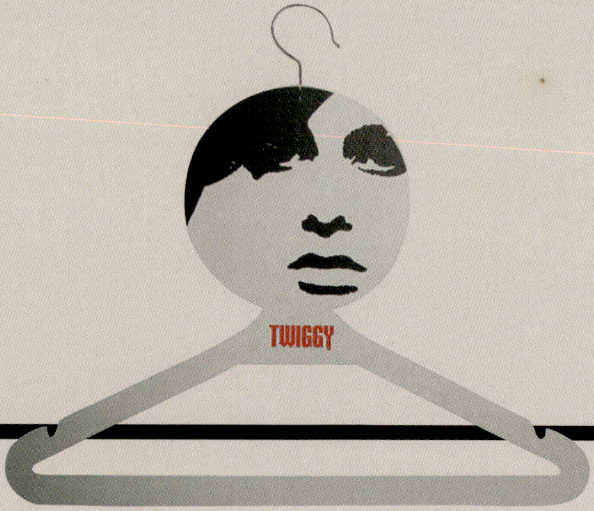

Ícone de estilo

TWIGGY

"A garota caipira com um rosto capaz de lançar mil tendências."
Daily Express, *23 de fevereiro de 1966*

O que Twiggy usava?

** Minivestidos de menininha com meias coordenadas ou brilhantes, para enfatizar as pernas finas * Sapatos de salto baixo de couro metálico ou com fivelas grandes * Brincos pendentes de plástico * Três pares de cílios postiços, máscara e delineador*

A ERA ESPACIAL CHEGA À MODA

Em 1964, o estilista francês André Courrèges (1923), um experiente alfaiate que foi aprendiz de Balenciaga, fundiu as linhas regulares e as formas geométricas do antigo mestre e as de Givenchy na estética "garota lunar", com acabamentos em vinil inspirados na corrida espacial. Com predominância de branco e prata, era complementada por meias brilhantes, sapatos de couro metálico, enormes colares cromados, pulseiras de plástico e brincos baratos. Courrèges misturou saias com botas de bico quadrado até o tornozelo; fez terninhos com enormes capuzes para serem usados com óculos escuros de plástico branco com fendas e viseiras; criou vestidos e conjuntos de calça com pespontos e jérsei de lã grosso e flexível; e combinou chapéus de caubói femininos com vestidos e jaquetas de jérsei listrado de verde-limão e creme.

Em 1966, Pierre Cardin (1922) também aderiu à tendência e seguiu com ela até a década de 1970. Paletós com enormes golas circulares matelassadas, barras com recortes decorativos arredondados e vestidos de lã preta com decotes cromados eram típicos. Os corpetes eram recortados para exibir a cintura e enfatizar pescoço e ombros. Em 1966, Cardin criou um terno masculino radical: uma túnica fechada por zíper usada sobre suéter de gola rulê com calção solto e botas.

Enquanto isso, em Londres, John Bates (1938) produziu uma ousada roupa de casamento para a *Vogue*: minivestido e casaco coordenado feito de gabardine branca com acabamento de PVC prateado e capacete do mesmo material. Lurex e brocatelle também foram muito usados naquele ano – os principais ateliês de alta-costura de Paris escolheram esses tecidos brilhantes para *cocktail dresses*.

Esculturas de plástico

Com o uso de plástico, vinil, prata e couro colorido fluorescente, as peças de Rabanne (1934) são muitas vezes descritas como obras de arte. Ele é mais conhecido, entretanto, pelas túnicas de malha de metal, como o minivestido usado por Audrey Hepburn em *Um caminho para dois*, com plaquetas de metal, ou plástico prateado, unidas por correntes e usadas sobre collant e meias cor da pele (p. 101).

Não eram modelos para os fracos – revolucionários e caros, sem dúvida, além de desconfortáveis. Por consequência, exemplares da década de 1960 são raros e atingem elevados preços nos leilões. Na década de 1990, em colaboração com uma revista, Rabanne produziu uma pequena bolsa de acrílico contendo discos de plástico, ganchos de metal e alicates – tudo o que era preciso para cada um fazer seu próprio vestido. Muitas vezes, eles são montados e vendidos como originais dos anos 1960.

Direita e abaixo, à direita, colar de metal Pierre Cardin, fim da década de 1960: plaquetas com pingente estilizado em forma de C. (L) Bolsa de malha de metal Paco Rabanne, meados da década de 1960, com etiqueta de metal. (D)

Acima, esquerda para a direita, bota lunar de couro branco Courrèges, com a caixa original, c. 1967: fecho com zíper e velcro. (J) Exclusivo vestido futurista de baile alta-costura de André Courrèges, 1968: jérsei branco forrado de algodão. (Q)

Abaixo, paletó e minivestido "circulares" de crepe de lã cor de creme de Pierre Cardin, c. 1969, com etiqueta "Pierre Cardin Paris Collection Modéles Exclusifs pour l'Allemagne": a gola e a barra do paletó formavam um círculo matelassado. (M)

Em 1965, prevalecia a estética mod, simples e geométrica. Tubinhos, paletós e casacos tornaram-se experiências do contraste entre preto e branco e refletiram o fascínio pelos efeitos encontrados na Op Art de Bridget Riley e Victor Vasarely. Feitos de papel ou plástico, mas também de tecidos tradicionais, foram experiências divertidas para os principais estilistas. Quando se formou na faculdade, Ossie Clark foi fotografado para a seção "Young Ideas", da *Vogue*, em um terno preto e branco. O emblema mod – um alvo preto e branco – foi usado em bijuterias e sacolas da butique Top Gear, de James Wedge, e adotado pela banda The Who como logotipo.

As mais famosas, representativas e cobiçadas de todas as criações influenciadas pela arte vieram da coleção de inverno de Yves Saint Laurent, em 1965: os vestidos Mondrian, de lã ou crepe de seda pesado, com blocos de cores primárias com margens pretas. As linhas regulares das peças tiveram um enorme impacto, e cópias baratas encheram o mercado na Europa e nos Estados Unidos. No ano seguinte, Saint Laurent lançou a coleção Pop Art, que novamente usou blocos de cores em designs simples e arrojados, trabalhando com o vestido da mesma maneira que um artista pinta sobre a tela. Os originais de alta-costura são muito desejados e alcançam valores enormes nos leilões, mas imitações vendidas no varejo ainda são relativamente acessíveis.

Vestidos de papel

Um fenômeno da década de 1960 teve início quando, como um recurso de marketing, a Scott Paper Company lançou os vestidos Paper Caper, feitos de papel reforçado preto e branco, ao estilo da Op Art, ou com estampa *paisley* vermelha e amarela. Milhares de peças foram vendidas e deram origem a imitações e variações – vestidos de casamento, lingerie, biquínis e um vestido com a palavra "Nixon" estampada em vermelho, para as eleições presidenciais americanas de 1968. Na Inglaterra, em 1967, Harry Gordon lançou o Poster Dress, em preto e branco, com estampas de gato, rosa, um poema de Allen Ginsberg, foguete, Bob Dylan e o olho de Audrey Hepburn (pp. 96-7) – os três últimos, os mais raros e valiosos.

Inspirada pelas emblemáticas gravuras de Andy Warhol, a fabricante americana de sopas Campbell produziu os vestidos Souper por volta de 1966-67. Hoje, são alguns dos modelos de papel mais caros, pois atraem tanto os colecionadores de moda quanto os de arte moderna. Mais acessíveis, os vestidos Yellow Pages ou Op Art não têm tanto impacto visual.

INFLUÊNCIAS DA POP E DA OP ART

Página ao lado, vestidos de papel: Paper Caper, da Scott Paper, com estampa op art, c. 1966 (C); modelo Nelson Rockefeller, da James Sterling Paper Fashions, década de 1960 (C); vestido de campanha Nixon, da Mars of Asheville, 1968 (D); vestido Butterfinger, da Mars of Asheville, c. 1968 (C); vestido com as cores do semáforo na barra, da Mars of Asheville. (C)

Abaixo, esquerda para a direita, vestido Op Art preto e branco, de Marco Correa, fim da década de 1960 e início da década de 1970. (F) Vestido de alta-costura Mondrian, de Yves Saint Laurent, outono/inverno de 1965-66: mais exclusivo ainda por ser feito de crepe da China de seda em lugar da lã, mais comum. É uma das peças mais desejadas e colecionáveis do mundo. (W)

Direita e acima, conjunto de lã com listras zigue-zague preto e branco, de Yves Saint Laurent, c. 1966. (R) Bridget Riley inspirou os estilistas com a Op Art, foto de 1963.

Esquerda, vestido para a noite de alta-costura, clássico e elegante, de crepe cor-de-rosa e vaporosas plumas brancas nas mangas, primavera/verão de 1969.

HUBERT DE GIVENCHY

Abaixo, esquerda para a direita, dois vestidos de alta-costura para a noite, fim da década de 1960: modelo império sem mangas, pink, com bolero diagonal coordenado e laços laterais; modelo de jérsei de seda rosa-claro com gola drapeada e cinto de amarrar. (E, cada um) Conjunto de chapéus e acessórios para a cabeça, fim da década de 1950 e década de 1960, incluindo toque de linho branco com margaridas; chapéu de feltro cupulado; chapéu de palha cor-de-rosa cupulado; toque de couro cor de creme; acessório elíptico de seda preta com gota de pérola. (B, cada um)

Hubert de Givenchy (1927) mudou-se para Paris em 1945, aos 17 anos, com a intenção de mostrar seus desenhos para o "mestre de todos": Cristóbal Balenciaga. Infelizmente, foi barrado pela austera diretora do ateliê, Madame Renée d'Esling. Em vez de voltar para casa de mãos vazias, porém, levou os esboços para Jacques Fath, que o contratou na hora. O jovem Givenchy passaria um ano com esse dinâmico estilista antes de trabalhar para Robert Piguet por um ano, Lucien Lelong por seis meses (a casa de Lelong fechou em 1948) e por quatro anos com Elsa Schiaparelli, que mais tarde o tornou responsável por sua butique.

Com um vasto leque de experiências nessas importantes casas, Givenchy abriu seu próprio estabelecimento em fevereiro de 1952. A primeira coleção foi feita basicamente de peças separadas e *tailleurs* simples, mas tudo era viçoso, jovial e fácil de usar, sem nenhum detalhe restritivo. Algumas roupas estavam prontas para venda, outras necessitavam de apenas uma prova, e um pequeno número era produzido por encomenda, como a alta-costura tradicional. Essa coleção inicial foi recebida com tantos elogios pela imprensa e pelos compradores que ele decidiu trilhar o caminho da alta-costura de uma vez por todas.

Depois de anos com a vontade de conhecer seu herói, Balenciaga, os dois se encontraram em Nova York, em 1953, onde o mestre assinava um contrato de licenciamento. Balenciaga tornou-se amigo e mentor de Givenchy e, embora nunca tenham trabalhado juntos, o mais velho deu valiosos conselhos ao protegido. Ambos mostravam as coleções na mesma época, e, muitas vezes, era difícil dizer qual dos dois havia criado aquelas peças de clássicas linhas simples, com liberdade de movimento. Embora o resultado pudesse ser muito semelhante, a abordagem do trabalho era bem diferente. Balenciaga – o gênio da alfaiataria – fazia um esboço preliminar, então um protótipo (um modelo de tela) seguido da escolha do tecido e, por fim, o vestido. Givenchy sempre começava com o material e trabalhava muito próximo das principais tecelagens da época. Em 1968, quando Balenciaga fechou seu ateliê, sugeriu aos clientes que simplesmente atravessassem a rua para visitar *monsieur* Givenchy.

Estilo simples e nada óbvio

Givenchy tornou-se sinônimo do estilo elegante de sua musa e cliente mais famosa, Audrey Hepburn (pp. 118-19), que declarou na *Ciné Revue* (1962): "Tudo o que usei nos últimos dez anos foi feito por Givenchy, e provavelmente serei fiel a ele até o fim dos meus dias. Você pode se perguntar por que dou tanta importância a Givenchy. É porque ele cria roupas de qualidade que combinam simplicidade e beleza".

No ateliê, o estilista sempre usava um jaleco branco (como Balenciaga). Procurava a pureza das linhas e a perfeição em cada detalhe. Apesar de suas principais criações terem sido as peças de alta-costura para Hepburn, o básico de todos os ateliês de Paris na época eram os *tailleurs* para serem usados durante o dia. Vestidos de baile e glamorosos modelos para a noite atingem altas cifras, mas conjuntos e casacos desse grande estilista não são incomuns e ainda têm preços relativamente acessíveis.

"Se eu não tivesse conhecido Balenciaga, talvez nunca descobrisse a verdade sobre a moda... Não se trata de acrescentar uma flor aqui ou um detalhe supérfluo ali. Criar um vestido simples e perfeito a partir de uma única linha – isso é design de excelência!" *Hubert de Givenchy*

Esquerda e centro, cocktail dress de alta-costura de veludo cor de vinho e cetim preto, c. 1959-60: arrematado com canutilhos e paetês facetados. (I) Vestido de alta-costura de seda cor de creme, cintura elaborada com miçangas e pedrarias, 1968. Pertenceu a Audrey Hepburn. (P)

"Vestir uma mulher é deixá-la bonita."
Hubert de Givenchy

Esquerda, cocktail dress e paletó de alta-costura de renda chantilly preta, usados por Audrey Hepburn em *Como roubar um milhão de dólares* (1966). Por terem aparecido no filme, o valor aumenta radicalmente. (AA)

Abaixo, esquerda para a direita, casaco de lã cor-de-rosa de alta-costura, c. 1960. (F) *Tailleur* de sarja de lã de alta-costura, cor de laranja queimado, c. 1964. (E) Conjunto de seda amarela matelassada, c. 1964. (D)

"O perfume da seda é único... os tecidos têm vida: deixo que eles me guiem, e minha imaginação começa a trabalhar assim que eu os deixo de lado."
Hubert de Givenchy, Geo, *setembro de 1985*

Ícone de estilo

AUDREY HEPBURN

Audrey Hepburn (1929-1993) não foi apenas uma estrela do cinema, mas um grande ícone de estilo do século XX – nossa adoração por sua beleza iluminada, elegância sem esforço e decoro feminino apenas aumenta com o passar dos anos. Audrey tinha a figura esbelta de uma bailarina – ela chegou a estudar dança quando criança, mas foi rejeitada por causa da altura. Com um aguçado senso de estilo, sabia o que lhe caía melhor. Preferia tons pastel, preto e marfim, com pink de vez em quando, e acreditava que cores claras destacavam as sobrancelhas e o cabelo escuro.

Houve um estilista a quem ela recorreu durante toda a vida: Hubert de Givenchy (pp. 114-17). No primeiro encontro, ele se desapontou ao ver a então pouco conhecida Audrey em lugar da lendária Katharine Hepburn, mas a colaboração entre os dois no filme *Sabrina* fez com que o figurino fosse tão elogiado quanto a performance da atriz, e, mais tarde, ela exigiu em contrato que ele fizesse todo o figurino das produções *Cinderela em Paris, Amor na tarde, Quando Paris alucina, Charada, Como roubar um milhão de dólares* e *Bonequinha de luxo*, a mais famosa de todas.

Givenchy também criou os dois vestidos de casamento de Audrey – o de 1954, de organza branca simples, com saia ampla, gola alta sóbria e mangas balão; a versão de 1969 era de mohair e cashmere rosa-claro com mangas compridas, linha império e laço, além de lenço de cabeça coordenado. Mas, sem dúvida, o vestido mais famoso de todos foi o pretinho básico de *Bonequinha de luxo*.

Abaixo, esquerda para a direita, vestido de seda cloquê turquesa, de Givenchy, outono/inverno de 1966-67. Hepburn usou a peça para promover o filme *Um caminho para dois*, de 1967. (V) Vestido-coluna de seda rosa-choque com decote assimétrico, de Givenchy, outono/inverno de 1966-67. (U) Vestido de seda cloquê preta, de Givenchy, usado para promover o filme *Quando Paris alucina* (1962): corpete na linha império de corte alto na frente e baixo atrás, com laços traseiros. (U)

Direita, o mais memorável modelo de Givenchy feito para Hepburn é o "vestidinho preto" por excelência, usado por ela no papel de Holly Golightly em *Bonequinha de luxo* (1961). A peça tubular preta com recortes arredondados que emolduram as omoplatas é muito simples, mas de uma elegância devastadora. Quando uma versão feita por Givenchy foi vendida em leilão, em 2006, alcançou £ 467.200 (US$ 923.187), valor que reflete sua importância.

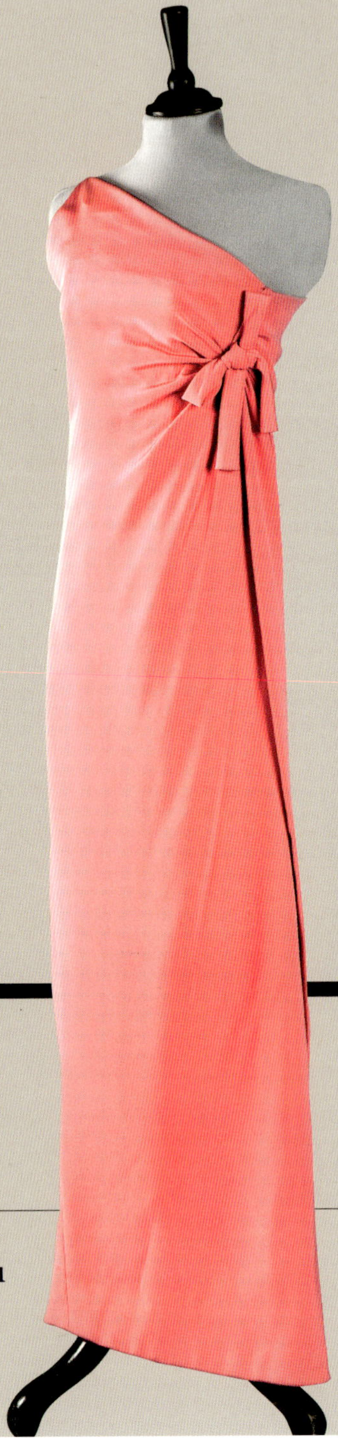

"Ela sabia exatamente como queria se vestir e o que ficava melhor, mas nunca foi arrogante ou exigente. Tinha uma doçura adorável que fazia eu me sentir como uma mãe arrumando a filha para o baile de formatura."
Edith Head, figurinista de Hollywood

O que Audrey usava?

** Tubinho de seda Givenchy * Sapatilhas de balé * Trench coat Burberry * Camisa branca com nozinho na cintura * Camiseta listrada típica da Bretanha * Calça preta sequinha * Óculos escuros grandes*

Esquerda, a primeira-dama Jackie Kennedy com vestido de xantungue de seda cor de pêssego de Oleg Cassini em uma visita à Índia, 1962.

A MODA NOS ESTADOS UNIDOS

Abaixo, vestido sem mangas e paletó coordenado de brocatelle dourado de Galanos, c. 1965. (G)

Os Estados Unidos competiam com os ateliês parisienses no nível mais sofisticado e menos vanguardista da moda. Apesar de a primeira-dama, Jackie Kennedy, adorar os estilistas franceses, principalmente a alta-costura de Givenchy que usou em uma viagem a Paris, em 1961, nos Estados Unidos ela mostrava patriotismo com peças de Oleg Cassini – cujos conjuntos em tons pastel com poucos detalhes, paletós quadrados com um grande botão e casquetes lembravam muito os modelos de Givenchy. O "estilo Jackie", ao mesmo tempo jovial e sofisticado, era muito admirado e imitado. Os modelos feitos por Cassini da década de 1960 são raramente vistos em leilões, talvez porque os donos gostem deles demais para vendê-los.

Para Pauline Trigère (1909-2002), menos também era mais em termos de enfeites. Uma das favoritas de Wallis Simpson e de Jackie Kennedy, a estilista muitas vezes usava lã na confecção de *cocktail dresses* e vestidos para a noite – algo inusitado, na época – e gostava de silhuetas estreitas e volumes reduzidos, com debruns decorativos para obter o efeito de impacto. Suas capas da década de 1960 em arrojados xadrezes ou tons pastel faziam sucesso e poderiam ser usadas ainda hoje. Mestre do corte e exímia alfaiate, Trigère criou roupas atemporais e sofisticadas.

Bill Blass (1922-2002) foi um dos estilistas mais populares e respeitados dos Estados Unidos da década de 1960. Gostava de usar elementos da alfaiataria masculina na linha feminina, tanto para o dia quanto nas peças de noite, combinando blusas de lapela pontuda e calças de seda. Suas coleções não eram tão ousadas e exibiam itens pouco chamativos – ele preferia modelos elegantes, fáceis de usar e com preços acessíveis, com renda em lugar de paetês e miçangas, e saias que dificilmente terminavam acima do joelho.

Norman Norell (1900-1972), ao contrário, fazia peças suntuosas e glamorosas. Com a aposentadoria de seu parceiro Anthony Traina, em 1960, ele batizou a grife com o próprio nome. Os produtos eram caros, bem-feitos e quase sempre com enfeites abundantes. Para Norell, que experimentava estilos e adornos, mais era mais. Um minivestido podia estar coberto de paetês enormes, e em 1961 ele lançou um macacão saia-calça de veludo e um casaco coordenado com debrum de zibelina. Na década de 1960, gostava de conjuntos de calça para o dia e para a noite, quando comumente enfeitava a roupa com seus amados paetês.

Geoffrey Beene (1924-2004), às vezes descrito como "o estilista dos estilistas", inaugurou a própria empresa depois de trabalhar para a Teal Traina. Em contraste com boa parte das criações da década de 1960, ele se manteve à parte da vanguarda, dando preferência a *looks* joviais, com vestidos curtos de lã ou modelos de cintura alta. Para a noite, desenhou vestidos longos e soltos de jérsei, mínis com paetês (às vezes com barra de penas) e trajes de baile. Usava os melhores tecidos e prezava pela qualidade e pelos detalhes.

Nascido na Áustria e instalado na Califórnia, o ex-dançarino Rudi Gernreich (1922-1985) levava em conta o conforto e a liberdade de movimentos do cliente. Sua marca registrada eram malhas de padrões gráficos ou tecidos coloridos estampados, muitas vezes incorporando triângulos, manchas ou xadrez e cores vivas e contrastantes. Gostava de recortes transparentes, vazados, nudez e androginia. Em 1962, declarou francamente que "os peitos serão descobertos dentro de cinco anos" e, dois anos depois, inventou o maiô topless (p. 123), que causou furor e foi criticado no mundo todo. Apenas cerca de 3 mil peças foram vendidas, portanto são muito cobiçadas por colecionadores.

O *enfant terrible* da moda americana não parou por aí e inventou também o *no bra bra* [sutiã não sutiã], sem costura, que mantinha os seios no lugar sem alterar radicalmente sua forma. Essa abordagem desafiadora, com modelos inovadores, acessórios coordenados e preços acessíveis, foi mais tarde popularizada por sua amiga e musa, a modelo Peggy Moffitt, que exibia um corte de cabelo geométrico e intensa maquiagem nos olhos. Gernreich, um estilista profético, original e controverso, via suas roupas não apenas como algo para vestir, mas como um manifesto social. Apesar de muitos itens de malha produzidos com a Harmon Knitwear ainda terem preços razoáveis, as peças mais chocantes e emblemáticas são muito valorizadas e disputadas nos leilões. No mercado vintage atual, todos esses estilistas são acessíveis – apenas os vestidos dignos do tapete vermelho alcançam grandes cifras.

Esquerda para a direita, vestido para a noite de lã cinza e detalhes de pedrarias, de Geoffrey Beene, fim da década de 1960. (M) Vestido de brocado de cetim rosa-choque, de Norman Norell, início da década de 1960. (L) Vestido de seda amarela, da Sarmi, começo da década de 1960. (D)

Direita, o infame maiô topless de Rudi Gernreich, c. 1964, usado por sua musa, Peggy Moffitt.

No fim da década de 1960, os vestidos podiam ser micro, máxi ou mídi; já tinham aparecido tecidos transparentes, recortes, costas de fora e topless – e parecia não haver mais novos rumos a seguir. O *look* supermoderno, urbano, chique e minimalista do período parecia perder força, e as linhas geométricas do estilo mod davam lugar a silhuetas mais suaves. Não havia uma tendência única para ditar a moda, mas diferentes caminhos sendo percorridos ao mesmo tempo.

Na primavera/verão de 1968, a coleção de alta-costura de Yves Saint Laurent foi inspirada na África, com intricados vestidos de trama de treliça formada por vidro colorido e contas de madeira, alguns com gola no estilo maasai, e seu emblemático conjunto safári. A mulher chique e entediada agora podia aparecer como uma caçadora na selva urbana, e as versões Rive Gauche venderam muito. A coleção africana está entre as criações mais valiosas de YSL, e, quando completos, mesmo os conjuntos safári Rive Gauche, de algodão, podem atingir milhares de libras esterlinas, por serem surpreendentemente raros.

Comprar a verdadeira roupa étnica – estampas indianas, casacos afegãos bordados, colares de contas, tiaras – era a maneira mais barata de conquistar o *look* "de volta à natureza". Os Beatles abriram caminho com cabelos compridos, caftãs e colares de contas, e, em Woodstock, em 1969, as pessoas dançavam nuas usando apenas guirlandas de flores. Ter consciência do corpo e o gosto pela nudez tornaram-se moda, e Ossie Clark produziu

O FIM DA DÉCADA

Acima, esquerda para a direita, bolsa de veludo estampado Pucci, década de 1960. (E) Detalhe da estampa de um vestido de noite de jérsei, de Louis Féraud, c. 1969-70. (F)

Abaixo, conjunto com calça harém da Pucci, fim da década de 1960: túnica de chiffon estampado sobre pantalona com pedrarias nos tornozelos. (F)

Abaixo, direita, Julie Christie em *O mensageiro* (1970) com vestido branco no estilo eduardiano – um *look* popular na virada da década.

vestidos transparentes e blusas de chiffon, peças criadas para revelar os seios, ocultados apenas pelas estampas fortes de sua mulher, Celia Birtwell. Saint Laurent desenhou um vestido baby-doll preto de chiffon transparente, enfeitado de penas de avestruz, com uma serpente dourada envolta na cintura sob o tecido, em que os seios ficavam visíveis. Apesar de render um bom número de manchetes de jornal, vendeu pouco. É, portanto, um modelo raro, desejado e valioso.

Caftãs exóticos eram comuns por volta de 1967. Thea Porter (1927) fez versões transparentes de chiffon com patchwork de brocados orientais arrematadas com fitas douradas; Elizabeth Taylor e a princesa Margaret da Inglaterra eram fãs. Quanto mais cores e tecidos tiver um caftã de Thea Porter, mais valioso é hoje.

Influências psicodélicas tinham em Emilio Pucci (1914-1992) e na marca francesa Leonard os principais expoentes. Padrões alucinógenos em espiral e reinterpretações de motivos *art nouveau* (também na moda em ilustrações, pôsteres e capas de discos) eram estampados no tecido em um caleidoscópio de cores vivas.

Peças Pucci originais da década de 1960 agradam tanto aos colecionadores quanto a quem compra para vesti-las, e nos leilões atingem uma fração do preço de peças produzidas hoje em dia. Modelos de jérsei de seda ou veludo estampado são mais valorizados que os de algodão ou tecidos sintéticos. Vestidos longos com decotes profundos, estampas e cores fortes, conjuntos esportivos modernos e capas compridas para a noite atingem cifras maiores.

O nascimento do vintage

A proposta consistia em vestidos românticos e antiquados usados com fitas e cabelos encaracolados. Gina Fratini, Mexicana e outras marcas incentivavam linhas pseudoimpério e eduardiana, com vestidos de algodão branco com rufos do pescoço à barra. Esse visual retrô é um dos mais baratos para colecionar, e o valor provavelmente não sobe até que o desejo de usar babados volte à moda. Outros usavam o vintage real – corpetes e modelos com rendas vitorianos e vestidos de miçangas da década de 1920. Esse fenômeno foi, na verdade, o nascimento da “moda vintage”.

19

70

Esquerda, David Bowie em show no Earls Court, em 1973, com macacão Ziggy Stardust andrógino, criado pelo amigo Freddie Burretti. *Direita*, garotas de *hot pants*, blusas estampadas com Bowie e cabelo pajem, 1973.

Introdução

OS RADICAIS ANOS 1970

"Estávamos vestindo uma geração que tinha se tornado subitamente independente. Eles não precisavam pedir a opinião da mãe e não queriam usar as mesmas roupas que ela." *Barbara Hulanicki*

Embora alguns estilos dos anos 1970 – como o eduardiano, o étnico e os *looks* retrô *art déco* – já estivessem presentes desde o fim do período anterior, essa foi uma década de mudanças radicais, com roupas artesanais primorosas produzidas por Bill Gibb, Zandra Rhodes e Ossie Clark. A moda também podia ser arte.

Além dessas criações trabalhosas e únicas, as coleções *prêt-à-porter* assinadas por estilistas de grife explodiram. Calvin Klein e Ralph Lauren construíram grandes impérios com itens a preços superiores. Sem tantos clientes, a alta-costura era vista como chamariz para ajudar as vendas de linhas menos exclusivas, cosméticos e perfumes. A controversa coleção de Saint Laurent de 1971, inspirada pela década de 1940, foi um fracasso comercial, mas a luxuosa e exótica coleção de 1976, que buscou referência na Rússia, calou os detratores e reafirmou a importância do estilista como líder da alta-costura francesa. Ungaro, Givenchy, Marc Bohan na Dior, Jules-François Crahay na Lanvin, Jean-Louis Scherrer, Capucci, Valentino e Madame Grès continuaram a produzir elegantes modelos para a clientela milionária internacional.

Nas ruas, a história era outra. Peças avulsas e conjuntos de calça tornaram-se comuns, usados por todas as idades, em tecidos como veludo ou Crimplene [material pesado de poliéster, que não amassava] em tons pastel. Saias em linha A mídis ou máxis, além de calças boca de sino, eram combinadas com tops de tricô, blusas estampadas (às vezes usadas com gargantilhas de veludo), chapéus de algodão estampado, botas e sapatos plataforma. *Hot pants* podiam ser acompanhadas de meia--calça colorida ou maxicasaco. Tops frente única com calças de cintura alta e perna larga ajudavam a cintura a parecer ainda mais fina. O figurino desenhado por Ralph Lauren para Diane Keaton em *Noivo neurótico, noiva nervosa* exerceu muita influência, e as mulheres começaram a usar coletes, paletós masculinos e até gravatas. Camisas e blusas tinham gola arredondada ou longa e pontuda. Tecidos sintéticos recebiam estampas variadas – de motivos inspirados pela *Art Déco* e pela Pop Art aos gráficos, florais e geométricos. O jeans era o uniforme da juventude, muitas vezes customizado com apliques de bordados ou patchwork. Gloria Vanderbilt tornou-se a "rainha do jeans" em 1978, quando sua marca vendeu milhões de unidades.

Em Londres, a moda urbana continuava fervilhando. Para a noite, era possível ser uma heroína vitoriana, graças aos vestidos de algodão estampado de Laura Ashley; ser alguém saído da década de 1930 de *Bonnie e Clyde – Uma rajada de balas* na imaginação da butique Biba; ou vestir os caftãs étnicos floridos de Thea Porter e os chiffons transparentes de Ossie Clark e Celia Birtwell. Podia-se usar jaquetas metálicas, corpetes de paetê, calças de veludo, boás, chapéus molengas, calças e paletós de cetim de lojas como Biba, Granny Takes a Trip, Miss Mouse ou Mr. Freedom, combinados com plataformas altíssimas de pele de cobra metalizada de Terry de Havilland ou botas glam, como as exibidas pelo andrógino David Bowie e por Marc Bolan. Antony Price, responsável pelo visual charmoso de Bryan Ferry e da Roxy Music, fazia ternos sob medida para os homens e *cocktail dresses* curvilíneos para Jerry Hall. Ele lançou sua própria marca em 1979.

Em Nova York, em 1976, foi inaugurado o Studio 54, danceteria que recebia personalidades como Bianca Jagger, Jack Nicholson e Diana Ross – nascia a disco. E os vestidos simples e clássicos de Roy Halston, de cetim ou crepe da China colorido com paetês, caíam bem tanto nas discotecas quanto na ópera. Uma nova tendência, glamorosa e consciente do corpo – leggings com sapatos de salto agulha, tops justos, vestidos de Spandex

Esquerda, botas masculinas glam rock de couro verde, com plataforma, de Lionel Avery, início da década de 1970: alguns clientes do estilista eram Alice Cooper, Stevie Wonder, Slade, Suzi Quatro e Gary Glitter. (F)

e Lycra em cores fluorescentes –, chamava a atenção.

Em Londres, houve "anarquia no Reino Unido" quando Malcom McLaren e Vivienne Westwood abriram lojas provocadoras. A dupla conduziu o que pode ser considerado o maior movimento da moda no século xx, e seu design punk refletia um país na convulsão da crise econômica e do desemprego em massa, com uma juventude desiludida que não conseguia enxergar "no future" ["nenhum futuro", trecho do clássico "Anarchy in the UK", do Sex Pistols].

Mercado

A alta-costura e algumas marcas dos maiores nomes franceses ainda despertam interesse. Outras grifes colecionáveis são Biba, Mr. Freedom, Miss Mouse, Ossie Clark, Bill Gibb, Zandra Rhodes, Jean Muir, Janice Wainwright, Karl Lagerfeld para a Chloé, Louis Féraud, Loris Azzaro, Yuki, JAP, de Kenzo Takado, Kansai Yamamoto, Bus Stop, Sonia Rykiel, Courrèges, Cardin, Pucci, Leonard, Roy Halston, Geoffrey Beene, Norma Kamali, Giorgio di Sant'Angelo e Rudi Gernreich. As linhas produzidas em quantidade por marcas comuns da década de 1970 não têm muita relevância para colecionadores nem para usuários. As exceções são as grifes com identidade significativa, como Biba, Mr. Freedom e Granny Takes a Trip, mas mesmo essas são acessíveis. Roupas de butiques e redes como Wallis, Dollyrocker, Bus Stop e Mexicana são abundantes e baratas.

Abaixo, esquerda para a direita, caftã de Thea Porter, início da década de 1970, feito de chiffon e brocados exóticos. (M) Vestido de jérsei turquesa de Loris Azzaro com capa de capuz (não mostrada na foto), c. 1970: frente única e peitilho floral de contas e paetês em tons de azul e prata feitos pela Coppola e Toppo. (J) *Cocktail dress* de lamê azul-metálico com corpete e saia transpassados, de Antony Price para a Plaza, 1979. (C)

Direita, Bianca e Mick Jagger chegam ao Metropolitam Museum, em Nova York, em 1974. Ela usa vestido frente única e boina de paetê vermelhos, de Halston.

BIBA

Criação de Barbara Hulanicki (1936) e seu marido, Stephen Fitz-Simon, a Biba não foi apenas uma butique, mas uma experiência. O que começou como um pequeno endereço, em 1964, transformou-se em uma loja de departamentos com cosméticos, sapatos, chapéus, roupas infantis e masculinas, além da linha feminina retrô de cortes enviesados, inspirada na década de 1930, que tornou o lugar famoso. Nada era particularmente bem-feito, e muitas vezes as peças eram confeccionadas com tecidos baratos, mas o bom design, a cobertura da imprensa e o glamoroso ambiente faziam tudo parecer especial. Vestidinhos tinham cavas altas, gola redonda e saias em linha A. Renda – algumas vezes em estampas *art nouveau*, semelhante ao logotipo usado nas etiquetas do início da grife – era popular, assim como vestidos para a noite de cetim com inspiração *art déco* que lembravam a lingerie da década de 1930. Entre os acessórios, grandes chapéus de feltro em cores vibrantes, boás, botas, sapatos plataforma e galochas brilhantes.

Por volta de 1974, Hulanicki lançou ombreiras angulares, baseadas na década de 1940. Casacos de tapeçaria com ombros acentuados, lapelas de pele sintética preta e botões enormes eram valorizados e são procurados, hoje, por colecionadores e museus. Para as temporadas de verão, a paleta incomum de malva, púrpura, berinjela, marrom, rosa-antigo e cinza recebia toques de tons pastel, assim como a linha de cosméticos. As roupas de preço acessível também podiam ser compradas por catálogo, em 1968 e 1969, com belas imagens produzidas por fotógrafos como Helmut Newton e Sarah Moon.

Estilo de vida Biba

Em 1973, a loja de departamentos Derry & Tom, na Kensington High Street, tornou-se o endereço principal da Biba – que incluía ainda o restaurante Rainbow e um terraço com flamingos cor-de-rosa. Era possível comprar cadeiras de vime indianas, penas de pavão, porta-chapéus e até mesmo feijões ou ração de marcas especiais para cães. A procura era tanta que o estoque evaporava antes que conseguisse ser reposto, e muitos itens eram roubados. A Biba fechou as portas em 1975. Fotos notáveis do ambiente impressionante garantem que o lugar, ainda hoje, seja considerado uma das mais emblemáticas lojas de Londres.

Apesar de alguns vestidos maravilhosos de renda e casacos de pele sintética atingirem grandes valores, a maior parte das roupas da Biba é acessível – peças separadas são especialmente baratas. É divertido procurar exemplares para colecionar entre as mercadorias da marca, pois ninguém precisa gastar uma fortuna, e há uma enorme variedade de produtos e acessórios da grife.

Acima, esquerda para a direita, etiqueta de cetim *art déco*, c. 1973-75, usada em acessórios. Conjunto de cetim listrado, meados da década de 1970, com etiqueta *art nouveau* c. 1969-71 (*ao lado*). (C) Plataforma de couro envernizado e estampa de leopardo. (D) *Direita*. Na loja Biba, a fundadora Barbara Hulanicki e o marido, Stephen Fitz-Simon, c. 1973.

YVES SAINT LAURENT NA DÉCADA DE 1970

Acima, o Le Smoking de Yves Saint Laurent combinado a fieiras de pérolas, chapéu e bengala. *Vogue*, 1973.

Abaixo, vestido estampado Lips, da Yves Saint Laurent Rive Gauche, c. 1971. (I)

Direita, conjunto de alta-costura da coleção Russian, do outono/inverno de 1976. Uma das fases mais românticas de Yves Saint Laurent, a temporada combinou o exotismo e as cores vibrantes do Ballets Russes de Diaghilev com elementos do norte da África, dos Bálcãs e do Oriente. Versões da marca Rive Gauche, mais acessíveis, incluíram paletós matelassados e camisas de algodão com estampas florais e *paysley*. (W)

Em 1971, a coleção Liberation, de Yves Saint Laurent, incomodou alguns de seus clientes mais ricos e conservadores. As roupas sensuais não tinham nada a ver com a austeridade da guerra, mas eram uma lembrança das vestimentas exageradas das "colaboradoras horizontais" [prostitutas que divertiam os alemães durante a ocupação de Paris]. Estavam em sintonia com o movimento em direção aos *looks* antigos vistos nos modelos enviesados produzidos por Ossie Clark e pela Biba. Colocar na passarela ombros largos, saias na altura dos joelhos, turbantes e sapatos plataforma inspirados na década de 1940 era corajoso, mas o *New York Times* descreveu o desfile como "o mais feio da cidade". Foi um fracasso comercial, e, consequentemente, as peças são muito disputadas em leilões, por serem bem difíceis de aparecer à venda. Versões com a etiqueta Rive Gauche foram mais aceitas por jovens estilosas. Hoje, a coleção é vista como visionária, canônica e inovadora.

Depois de introduzir o terninho feminino para a noite, Le Smoking, em 1966, Saint Laurent continuou a valorizar as calças. Apesar de radical quando lançado, o modelo tornou-se comum no guarda-roupa das fashionistas na década de 1970. A imagem sexy e andrógina – a estrutura formal do smoking masculino em contraste com blusas femininas – fez um grande sucesso, e Saint Laurent começou a produzir belas versões de alfaiataria para o dia. Marlene Dietrich, Greta Garbo e Katharine Hepburn foram fotografadas com calças na década de 1940, mas, trinta anos depois, a atitude ainda era considerada chocante e antifeminina pelos conservadores.

Ao lado da Russian, outra coleção importante de Saint Laurent foi a China (ou Opium), em 1977, com chapéus típicos de verniz vermelho, preto e dourado, casacos matelassados e paletós com manga pagode. O perfume Opium foi lançado ao mesmo tempo, e a propaganda na qual Jerry Hall aparentava estar sob o efeito do narcótico chocou os Estados Unidos. O furor apenas serviu para aumentar as vendas.

Abaixo, vestido de crepe da China com ombros à mostra e estampa de palitos de fósforo, Ossie Clark e Celia Birtwell, c. 1975. (L)

OSSIE CLARK E CELIA BIRTWELL

Abaixo, vestido Semáforo, de Ossie Clark para Radley, meados da década de 1970. (F)

Raymond "Ossie" Clark (1942-1996) foi um gênio, mestre da técnica e da arte da modelagem, e entendia muito sobre tecidos. Em contraste com o visual *gamine* e sem busto da década de 1960, suas roupas celebram as curvas femininas. Sua mulher e colaboradora foi a talentosa designer de tecidos Celia Birtwell (1941). As primorosas construções dele combinadas às estampas dela deram origem a peças de extrema beleza que hoje estão nas coleções dos maiores museus de moda no mundo.

Clark revelava e acentuava as formas femininas, principalmente os seios, e seus vestidos quase sempre apresentavam botões forrados na parte da frente, para que cada mulher abrisse tantos quantos tivesse coragem. Ele enchia cadernos com delicados desenhos com títulos como Milky Way, Guitar, Bridget, Acapulco, Come Fly with Me, Cuddly ou Ziggy Stardust. Birtwell, da mesma forma, colecionava ideias para estampas de tecidos, cada um também com um nome.

Os minivestidos de algodão pesado ou malha de jérsei feitos por Clark em 1965-66 não lembram as curvas e estampas posteriores. Apesar de serem raros e importantes, os compradores preferem as peças mais soltas dos anos seguintes. Frequentada por celebridades como John Lennon, Yoko Ono, George Harrison, Pattie Boyd (que também desfilou para Clark), Mick Jagger, Bianca Jagger e Marianne Faithfull, a butique Quorum foi responsável pela boa reputação de Clark, Birtwell e Alice Pollock. Algumas dessas peças têm apenas a etiqueta "Quorum", mas, no fim da década de 1960, etiquetas simples de cetim branco traziam o nome dos estilistas.

Clark era um ótimo designer, mas um péssimo executivo, assim como Pollock, dona da Quorum. Ele levava vida de celebridade, a exemplo dos amigos roqueiros, e em 1968 a loja precisou ser socorrida por Al Radley, um astuto empresário especializado na venda de roupas no varejo que lançou uma linha de *prêt-à-porter* produzida em grandes quantidades, Ossie Clark para Radley, às vezes com o acréscimo da etiqueta "estampa de Celia Birtwell". Enquanto um vestido da Quorum custava £ 300 (em torno de US$ 480), um da Radley saía por cerca de £ 20 (US$ 30).

Estampas e cortes emblemáticos

O vestido de Clark e Birtwell mais fácil de ser encontrado hoje em dia – Floating Daisies, de crepe de lã, com a estampa Mystic Daisy, de Birtwell – vendeu mais de 20 mil unidades na época. Apesar de comum, é tão impressionante que sempre encontra compradores. Também são frequentes os vestidos simples de crepe de lã com mangas volumosas, gola redonda e botões ou batas com amarração na cintura em marfim, rosa-claro, azul, preto, vermelho vivo ou roxo. Embora exibam o corte inigualável de Clark, são relativamente baratos – o valor pode aumentar bastante se forem feitos de cetim, tiverem pelo menos uma estampa de Birtwell ou combinarem cores contrastantes.

Uma das criações mais complexas e valiosas de Clark é o Ziggy Stardust, com babado diagonal que envolve o corpo do pescoço à barra. Outro modelo popular e caro é o vestido frente única de chiffon com amarração de alcinha e capa coordenada. Casacos e paletós de tweed inspirados na década de 1940, tricôs e jaquetas de camurça são raros, mas estão entre os itens menos valiosos. Vestimentas de pele de cobra, entretanto, incluindo paletós justos de lapelas grandes e zíperes diagonais com minissaias coordenadas ou os casacos compridos que ele fez para os amigos, são muito desejados. Para a amiga Nicky Samuel, Clark juntou o amor pela natureza, pela astrologia e pelo céu noturno no vestido Stars and Moon, uma combinação excepcional de cores dissonantes, camurça rosa, pele de cobra e crepe de lã bordado com luas crescentes e estrelas.

Depois do divórcio do casal, em 1973, Birtwell continuou produzindo tecidos para a Quorum até 1976 – as últimas estampas mostram influências do pontilhismo, e os motivos são menos florais e mais gráficos, incluindo palitos de fósforo. O contrato de Clark com a Radley acabou, e seu estilo de vida hedonista cobrou a conta: ele pediu falência no final da década de 1970. Apesar dos esforços para relançar sua carreira, o mundo havia superado a época dos vestidos românticos e floridos. As peças únicas que ele criou enquanto fazia palestras, no fim da década de 1970 e na de 1980, trazem uma etiqueta preta estreita com seu nome bordado em dourado. Feitos geralmente de jérsei drapeado colorido com paetês ou veludo molhado de corte enviesado, os exemplares desse final de carreira demonstram seu gênio na modelagem e o uso inteligente dos tecidos.

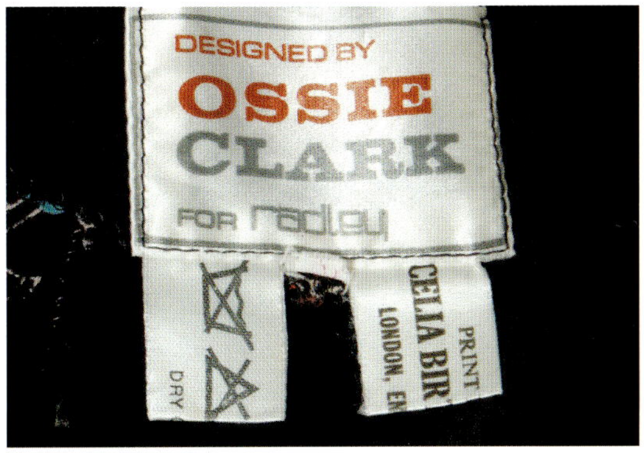

Página ao lado, Clark e sua modelo preferida, Gala Mitchell, com o vestido Guitar, do outono/inverno de 1971-72. *Esquerda para a direita*, etiquetas do fim da década de 1960 e meados de 1970.

Abaixo, esquerda para a direita, casaco de pele de cobra de Ossie Clark, fim da década de 1960 e começo de 1970. (L) Vestido Floating Daisies: essa criação de Clark e Birtwell vendeu milhares de unidades. (F) Vestido Ziggy Stardust, c. 1977. (L)

ZANDRA RHODES

Página ao lado, esquerda para a direita, caftã com capuz de chiffon estampado Knitted Circle, c. 1969. (L) Vestido de chiffon estampado Field of Lilies, amarrado com faixa, c. 1972. (L) Vestido para a noite Ayers Rock, 1974. (L)

Abaixo e direita, Rhodes em pijama de cetim com o cabelo pink que era sua marca registrada, 1978. Etiqueta "Zandra Rhodes", década de 1970.

Com sedas e chiffons estampados que exibiam maestria na modelagem e cores gloriosas e caleidoscópicas, Zandra Rhodes (1940) é tanto artista quanto estilista, e suas roupas atemporais são tão usáveis hoje como no final da década de 1960. Ao adaptar a cor do cabelo, a maquiagem e os acessórios de Andrew Logan para combinar – ou contrastar – com suas coleções, ela é a melhor garota-propaganda de si mesma.

Rhodes busca inspiração em diversas fontes. Baseada em tricôs do acervo do Victoria & Albert Museum, a coleção Knitted Circle, de 1969, combinava casacos de feltro amarelo intenso, saias rodadas e vestidos de chiffon com capuz. Apesar de aparecerem de vez em quando no mercado, essas peças são raras – os vestidos foram desfeitos, e os casacos, devorados por traças. Uma visita a Nova York, em 1970, deu origem à coleção Indian Feathers, com penas coloridas cortadas e aplicadas como folhagens nas mangas e barras ou transformadas em colares. A de 1971, Elizabethan Silks, usou linhas cruzadas que remetiam aos enfeites do século XVI e jérseis coloridos com arremates encrespados. Concebida no Japão, a estampa Field of Lilies, usada a partir de 1972, foi a de maior sucesso.

Com detalhes de paetês perolados cintilantes, a coleção Shells (1972-73) baseou-se em uma cesta coberta de conchas que a estilista encontrou em um brechó. Ao mesmo tempo, reintroduziu os volumosos casacos de feltro, dessa vez simples, com grandes golas onduladas presas por barbatanas. Os tecidos da coleção Ayers Rock, de 1973, foram usados em vestidos com decotes e cintura de cetim matelassado na diagonal. Depois de mais um passeio aos Estados Unidos, estampas de cactos apareceram em túnicas e calças de chiffon e de camurça sintética, no estilo caubói, na coleção da primavera de 1976. Os motivos Mexican Turnaround, de 1976, basearam-se nos sombreiros que ela viu em mercados locais em outra viagem.

Apesar de sempre focar a modelagem, a estética de Rhodes mudou ao longo da década. Em 1977, a Conceptual Chic – chamada de "coleção punk" pela imprensa – exibiu vestidos de jérsei preto, vermelho e rosa-choque com fendas, alfinetes e correntes influenciados pela peça The Tears Dress, de Schiaparelli e Dalí, do acervo do Victoria & Albert Museum. As peças de 1978 foram novamente gráficas – estampas como Painted Lady e Magic Heads mostravam um rosto feminino quase cubista, usado em paletós e saias de camurça sintética.

Todas as criações de Rhodes da década de 1970 são muito desejadas, em especial os vestidos de chiffon estampados e os paletós de cetim pregueados. Peças de jérsei e camurça sintética atraem menor interesse, exceto os da coleção punk, bem raros. O preço cai para os modelos da década de 1980 – mesmo os fabulosos exemplares de chiffon –, mas não permanecerão subvalorizados para sempre e provavelmente representam um bom investimento.

Ao lado, esquerda para a direita, vestido de baile de tafetá cinza e branco, fim da década de 1960-começo de 1970: drapeado trapézio na frente da saia; atrás, recortes largos no estilo *obi* e fita central de *moiré* cor de vinho. (O) Vestido marfim de chiffon, fim da década de 1960-começo de 1970: corpete aberto dos lados, frente sóbria com recortes duplos de chiffon e cauda formada pelos tecidos que caem dos ombros. (N) Vestido psicodélico de cetim com inspiração oriental, c. 1960: fenda vertical até o pescoço e saia balonê com aberturas laterais para as pernas. (L)

OS ANOS FINAIS DE MADAME GRÈS

Acima, esquerda para a direita, vestido sári de jérsei de seda laranja queimado, 1979: modelo colunar com sobrevestido de jérsei. (L) Madame Grés com o turbante que era sua marca registrada, fotografia sem data.

Uma das grandes estilistas parisienses, Madame Grès continuou a produzir modelagens magistrais nas décadas pós-guerra, até 1988. Ao contrário de seus contemporâneos, vangloriava-se de recusar contratos de licenciamento lucrativos por acreditar que seu nome era sinônimo de excelência e qualidade, que não queria ver diminuídas. Depois de muita insistência, enfim concordou em lançar uma linha de *prêt-à-porter* em 1980, desenhada por Peggy Huyn Kinh. Durou apenas duas estações, pois Madame Grès não queria comprometer os tecidos e acabamentos de alta categoria, e isso impedia a produção das peças de maneira economicamente viável. Em 1982, vendeu a lucrativa parte da linha de perfumes para financiar as coleções, mas o declínio avançou. Em 1987, a empresa entrou em processo de liquidação e, no ano seguinte, foi vendida para a companhia japonesa Yagi Tsusho, que ainda é dona do nome. A última coleção foi lançada na primavera/verão de 1988, antes de ela se aposentar aos 85 anos.

Os vestidos de Madame Grès são atemporais. Ela trabalhava sem levar em conta o que estava acontecendo no mundo da moda e repetiu os desenhos por décadas, fazendo apenas pequenos ajustes; por isso, é difícil datar os modelos de jérsei drapeado ao estilo grego. Nas décadas de 1940 e 1950, eram geralmente fechados por ganchos e ilhoses; a partir de 1960, ela incorporou o zíper. As peças tornaram-se cada vez mais reveladoras durante os anos 1960 e 1970, com o uso de amarrações para fixar o corpete, e podiam ter as costas e as laterais abertas, com apenas dois pedaços arredondados de jérsei para cobrir os seios.

As roupas nunca são sem graça e podem mostrar uma complexidade misteriosa, como o conjunto Comme des Garçons da década de 1980 com fendas laterais para as pernas, pesada gola drapeada, mangas descoordenadas incomuns e saias harém drapeadas. Seus vestidos gregos característicos são muito procurados por colecionadores, e a linha para o dia é mais acessível. Profissionais contemporâneos ficam intrigados com as criações sem drapeados e de corte preciso dos anos finais e, muitas vezes, compram os itens para buscar inspiração – Alix Grès permanece uma estilista para estilistas.

JEAN MUIR

Perfeccionista, Jean Muir (1928-1985) produziu a primeira coleção independente com a etiqueta Jane & Jane, em 1962, e lançou a marca que leva seu nome em 1966. Ficou famosa pelos vestidos de jérsei drapeado muito bem cortados com detalhes de pespontos ou botões e fivelas interessantes. Sua musa, amiga e modelo, a atriz Joanna Lumley, disse:

> Com ela, aprendi como é importante conhecer o tecido e observar seu caimento no corpo feminino. Ela era meticulosa; suas modelistas trabalhavam com muito talento, e Muir, que desprezava o termo "designer" e preferia ser chamada de costureira, examinava cada costura e casa de botão, com os dedos finos e pálidos puxando, virando e alisando a vestimenta pronta. Sempre acreditou que, ao usar uma roupa, você devia esquecê-la – ela não suportava a frivolidade dos modismos.

Os vestidos simples de Muir ganham vida no corpo e fizeram sucesso com as mulheres que trabalhavam e podiam vesti-los durante o dia e também à noite, para um jantar.

Apesar de ser conhecida pelos pretinhos básicos e vestidos drapeados de jérsei, no começo da década de 1970 ela também usou estampas vibrantes. Algumas de suas peças mais sedutoras podem alcançar boas somas em leilões, mas a maioria tem preço moderado; há pouca procura pelas volumosas criações com ombreiras da década de 1980. Quem compra Muir geralmente não são museus, mas quem quer usar os modelos, sobretudo os mais sensuais.

Esquerda, Scarlet, *cocktail dress* de jérsei, c. 1978: aro de plástico no pescoço e cintura franzida com peplum. (F)

Abaixo, esquerda para a direita, vestido para a noite de jérsei preto com detalhes de paetês, fim da década de 1970. (H) Vestido de chiffon estampado Apples and Pears, 1972. (D)

Abaixo, vestido de crepe da China estampado, c. 1970, que pertenceu a Joanna Lumley. (I)

Direita, Jean Muir na discoteca New York New York, em Nova York, 1977.

Abaixo, esquerda para a direita, sapato de couro amarelo da Biba, com tiras no tornozelo, começo da década de 1970. (B) Vestido de paetês verde-esmeralda, da Halston. (L)

Direita, Bianca Jagger com terninho branco Yves Saint Laurent e chapéu de palha, 1977.

Bianca Jagger (1945) era metade do casal de ouro da década de 1970. Nascida na Nicarágua, a linda modelo ficou famosa pelos terninhos de alfaiataria sofisticados e bem cortados que exibiam uma mulher de pensamento próprio, séria, em pé de igualdade com o belo marido roqueiro. Usava decotes profundos ou vestidos diáfanos sem sutiã – as peças de chiffon de Ossie Clark eram perfeitas para ela. Também foi cliente e modelo de Zandra Rhodes, e a pele morena era o contraponto ideal para os vestidos de seda estampada em tons pastel com detalhes de paetês em forma de concha criados pela estilista. Em 1974, foi fotografada com um belo quimono de cetim de Bill Gibb estampado com pássaros e flores exóticos.

A roupa mais famosa de Bianca, no entanto, foi usada em seu casamento com Jagger, em Saint-Tropez, em 1971. Ela sabia o que queria vestir no que foi uma das cerimônias mais divulgadas da década e, em lugar de um vestido de noiva branco e vaporoso, escolheu um paletó de alfaiataria de alta-costura de Yves Saint Laurent, usado sem blusa, uma longa saia branca, chapéu de abas largas enfeitado por rosas de seda e chiffon e um par de sandálias plataforma. Apesar de mostrar o colo bronzeado, era a perfeita imagem da elegância sofisticada. Mick usou um terno de três peças tradicional... e tênis.

Outro *look* memorável foi um vestido vermelho da Halston com fendas laterais e ombros à mostra usado enquanto ela montava um cavalo branco no Studio 54, em 1977, para comemorar seu aniversário. Roy Halston era um amigo próximo, e ela muitas vezes aparecia com seus vestidos drapeados de jérsei com um ombro só e acessórios como pulseiras grossas ou um turbante. Outros complementos preferidos eram chapéus com véus e plumas, sapatos plataforma com tiras no tornozelo (onde ela amarrava a credencial para os shows dos Rolling Stones), gargantilhas de veludo e peles.

Em uma entrevista para a *Harper's Bazaar*, ela elogiou os estilistas favoritos:

> Yves foi meu mentor de estilo. Ele me ensinou qual devia ser o caimento de um paletó. Teve um papel importante na liberação feminina. Os terninhos já existiam, mas ele mostrou às mulheres como usá-los. Halston tinha outra visão: o estilo americano. Queria que as clientes fossem glamorosas, mas em roupas de linhas simples e elegantes. Então veio Calvin, que definiu o estilo americano; suas peças têm simplicidade e sofisticação extraordinárias.

Ícone de estilo

BIANCA JAGGER

"Ela tem jeito de estrela." *Halston, sobre Bianca Jagger*

O que Bianca usava?

** Terninho branco YSL com chapéu chamativo * Vestidos longos e colantes com fendas laterais para mostrar as belas pernas * Vestidos de chiffon ou cetim com decotes profundos*

BILL GIBB

Quando Bill Gibb foi escolhido pela *Vogue* britânica "o estilista do ano", em 1970, tinha acabado de se formar e trabalhava para a Baccarat, em Londres. Seus modelos com várias texturas e camadas tinham um ar de fantasia e romance que juntavam tartãs com xadrezes preto e branco ao estilo de Bakst [criador de figurinos para o Ballets Russes], estampas florais e tricôs Fair Isle – combinações implausíveis, mas que funcionavam!

As peças de crepe de lã, gabardine, jérsei quiana, renda e algodão, para os meses quentes, ou couro com estêncil e tricô, para o inverno, contrastavam com a moda prevalecente dos vestidos e terninhos rígidos em linha A. Gibb incrementou a estética hippie com as cores e as texturas das Highlands escocesas e produziu algo novo, fresco e radical. O tricô era uma especialidade, encomendado a seu amigo Kaffe Fassett [designer têxtil] para o *prêt-à-porter* ou feito à mão, para a alta-costura, por Mildred Boulton [tricoteira], muitas vezes com fios de Lurex dourados ou prateados. Itens impressionantes e desejados incluem peças das coleções Buddha, do outono/inverno de 1975, e Byzantine, do outono/inverno de 1976, com modelos de tricô, e os vestidos de jérsei drapeados com palas de paetês e contas.

Gibb usou o desenho de uma abelha como assinatura em botões esmaltados, fivelas de cinto, bordados em corpetes ou aplicações em casacos e camisas. A herança escocesa apareceu em paletós de veludo estilo gibão e saias bordadas com rosas.

As roupas – feitas de materiais excelentes e muitas vezes com estampas ou padronagens de tricô produzidas por encomenda – eram caras e começaram a despertar cada vez menos interesse à medida que a década transcorria. Para os colecionadores, modelos feitos por volta de 1976 são os mais desejados. Vestidos românticos de inspiração medieval (do tipo que uma princesa de conto de fadas usaria) com estampas interessantes ou pássaros pintados à mão são populares, principalmente entre os museus. As coleções finais não apresentaram a imaginação e a sutileza do começo. Apesar de talentoso, Gibb não era um bom empresário e, sem linhas mais baratas, perfumes e acessórios para bancar o negócio principal, acabou falindo. A última coleção foi produzida em 1985.

Esquerda e abaixo, vestido de jérsei quiana azul-escuro com botões perolados e contas, primavera/verão de 1975. (F) Fivelas esmaltadas com desenho de abelha, década de 1970. (A)

Abaixo, conjunto de lã marfim usado por Lulu [cantora escocesa] em seu casamento com [o cabeleireiro] John Frieda, em outubro de 1976, com elaborados detalhes de miçangas no corpete e nos ombros. (H)

Sentido horário, a partir da foto abaixo, etiqueta "Bill Gibb" usada durante as décadas de 1970 e 1980. Terninho de lã bordado, c. 1974, com motivos de concha *art déco*. (D) Conjunto da coleção Buddha com tricô de Kaffe Fassett, outono/inverno de 1975-76. (E)

Esquerda e abaixo, Vivienne Westwood com terninho *bondage* tartã, Jordan com a versão em preto e modelo com jaqueta de couro tacheada, calça superjusta e sapato de salto agulha SEX, 1977. Par de botas de couro vermelho Seditionaries, c. 1977. (L) *Direita*, top de paraquedas de algodão verde e bege com etiquetas "SEX" e "Seditionaries", c. 1976. (M) Calça *bondage* tartã com etiqueta "Seditionaries Personal Collection", c. 1976-77. (J)

VIVIENNE WESTWOOD E MALCOLM McLAREN

Vivienne Westwood (1941), uma professora com habilidades rudimentares de costura, e Malcom McLaren (1946-2010), ex-estudante de arte, viraram a moda de cabeça para baixo. Com o uso agressivo de táticas de choque e a fusão do mundo *fashion* com a música, garantiam o interesse constante da imprensa, que ajudou a espalhar seus mantras anarquistas aos adolescentes do mundo todo.

A primeira loja deles, Let It Rock, abriu no número 430 da King's Road em 1971. Com produtos da década de 1950, entre os quais discos, achados de brechó, paletós *teddy boy* [inspirados na moda eduardiana] e saias rodadas, era o antídoto para o estilo hippie. Quando as mercadorias vintage acabaram, Westwood produziu suas próprias versões em tecidos coloridos e deixou de dar aulas para consertar, customizar e fazer roupas em tempo integral. As etiquetas estreitas de cetim cor-de-rosa ou tecido sintético branco trazem o nome da loja, mas é difícil encontrar peças da época com identificação. Durante a década de 1970, a loja foi reaberta com outros nomes.

Em 1972, o interesse da dupla havia se voltado para o *look* motociclista, e o endereço foi rebatizado de Too Fast to Live Too Young to Die, em homenagem a James Dean. Ao lado de pesadas roupas de couro tacheado, vendiam memorabilia do motociclismo, jeans Levi's manchados de segunda mão, ternos zoot [paletós de ombros largos e grandes e calças soltas de cintura alta] feitos por encomenda e a primeira camiseta estampada Vive Le Rock – se exibiam alguma etiqueta, ainda era a da loja Let It Rock. Entre as peças mais desejadas desse período estão os coletes de Westwood cobertos por tachas e correntes com slogans pintados em esmalte vermelho e cavas delineadas por borracha de pneu de bicicleta, enfeitadas por franjas. Vivienne tinha começado a criar peças que lhe agradassem e não copiava mais vestimentas antigas. Lançou uma linha de suéteres de mohair e fervia ossos conseguidos na *trattoria* do outro lado da rua para amarrá-los, formar palavras e aplicar na frente de camisetas pretas. Como apenas poucos exemplares foram feitos, estão entre os mais cobiçados do início de sua carreira.

Em 1974, a loja foi reaberta como SEX, para vender roupas fetichistas de borracha produzidas por fabricantes especializados e a linha assinada por Westwood. De 1972 a 1979, expandiram a linha de camisetas decoradas com slogans provocativos contra a moda e que faziam clamorosos convites à rebelião. Westwood comprava camisetas brancas em grande quantidade e as desconstruía, cortando as mangas, fazendo fendas nos ombros e rasgando o decote. As primeiras camisetas SEX Original foram estampadas à mão na cozinha da estilista usando estênceis e um conjunto infantil de carimbos. Malcom criava as imagens e o texto, surrupiando material escandaloso de ordem política, social e sexual. Vivienne customizava tudo com bolsos transparentes de plástico e zíperes que revelavam mamilos. No outono de 1974, introduziram um modelo com o manifesto "Um dia você acordará e verá em que lado da cama estava dormindo!" seguido por listas do que amavam e odiavam. A essa altura, as roupas tinham uma grande etiqueta cor-de-rosa com as palavras "SEX Original" escritas em azul.

A controversa camiseta Cambridge Rapist [estuprador de Cambridge], de 1975, atraiu publicidade negativa. Por causa disso, é claro, a procura aumentou – vários itens foram produzidos nos anos seguintes e hoje estão entre os mais fáceis de serem encontrados. Produzida no mesmo ano por McLaren, Westwood e Jordan (a gerente da loja), a banda Sex Pistols tinha um visual impactante que servia como brilhante ferramenta de marketing. "Enquanto o grupo tiver o visual certo", disse McLaren, "a música não é tão importante".

Em 1976, as camisetas (que então incluíam imagens de Dick Turpin [ladrão inglês do século XVII], personagens Disney em atos obscenos, caubóis seminus e o modelo Tits) e as camisas de musselina eram estampadas em serigrafia para atender à demanda. Um membro da equipe, Alan Jones, foi preso por atentado ao pudor ao usar uma camiseta Cowboys em Picadilly Circus, e a loja foi atacada – mas as peças continuaram vendendo, escondidas sob o balcão. Eles refizeram calças militares em cetim preto com um pedaço de tecido cobrindo o traseiro e tiras de bondage, com versões de algodão vermelho, branco e azul, além de tartã de lã. Westwood descobriu-se como estilista, e sua criatividade alçou voo.

Em 1976, o punk rock tinha um papel importante na cena musical, com bandas como Buzzcocks, Clash e Sex Pistols atingindo as paradas de sucesso. A loja foi reaberta com o nome Seditionaries, "para heróis, prostitutas e lésbicas". Westwood queria "persuadir as pessoas a se revoltarem". A etiqueta foi trocada por uma fita estreita de seda preta, aplicada sobre o ombro das camisetas ou no bolso frontal de paletós fetichistas. Rótulos mais largos de cetim branco com a inscrição "Personal Collection" eram colocados dentro de pesadas blusas paraquedas ou tops fetichistas, ou intercaladas entre camadas de musselina em peças com mangas ao estilo de camisas de força com fechos de encaixe. A gama de produtos aumentou, incluindo camisas de algodão com gola Peter Pan ou de vinil, blazers de lã com costuras à mostra, paletós de tecido atoalhado, suéteres de trama aberta tricotados com corda, calças *donkey* de veludo com zíper em todo o cavalo – marca registrada de Westwood –, jeans vermelhos superjustos com bolsos de plástico transparente, botas de couro preto com tachas pontudas, sapatos de salto agulha de verniz preto com tiras e lenços estampados com a imagem da rainha com suásticas nos olhos ou alfinetes no nariz. Bem-feitas e de boa qualidade, as roupas eram caras, e, por isso, havia uma alta incidência de roubos (Westwood parecia não se importar com isso) e numerosas cópias "faça você mesmo".

Talvez a proeza de maior mau gosto de Westwood tenha sido lançar a camiseta She's Dead. I'm Alive. I'm Yours ["Ela está morta. Estou vivo. Sou seu.] e um boneco de Sid Vicious acompanhado de um caixão depois da desastrosa turnê do Sex Pistols em 1978 (quando Vicious matou a namorada, Nancy Spungen). No final da década, o punk estava perdendo a validade, e, em 1979, a Seditionaries fechou as portas. Em meados da década de 1980, Westwood arrendou os modelos para uma loja próxima chamada BOY (antes, ACME Attractions). Eles ignoraram as condições da produção, e, assim, um grande número de camisetas que pareciam genuínas invadiu o mercado, principalmente no Japão, onde as criações de Westwood e McLaren eram (e ainda são) muito procuradas. Quando as peças alcançaram somas altas nos leilões, por volta de 2005, distinguir falsificações das camisetas e roupas da dupla tornou-se um verdadeiro problema.

Abaixo, esquerda, camiseta Cambridge Rapist, c. 1975-76: etiqueta externa "Seditionaries", na manga esquerda, retrato com máscara verde, notas musicais, fotografia e obituário do empresário musical Brian Epstein em tons de rosa e verde. (E)

Abaixo, camiseta de musselina estampada God Save the Queen, da Seditionaries, c. 1977: etiqueta com a inscrição "Personal Collection" na altura do quadril. (G)

Direita, raro colete de couro da Let It Rock, c. 1971: sem etiqueta, com pneus de bicicleta no arremate das cavas, franjas de náilon branco, inscrição "Rebel" em esmalte vermelho no avesso, emblema de seda da Harley Davidson e a palavra "Elvis" escrita com tachas na barra. (P)

19

80

A década de 1980 foi um período curioso em que surgiram, ao mesmo tempo, diferentes estéticas – do terninho que era símbolo de poder às etéreas criações desconstruídas de estilistas japoneses de vanguarda, dos babados, chapéus de pirata e casacos soltos do new romantic ao minimalismo futurista das roupas usadas pela banda alemã Kraftwerk. Parece que houve de tudo.

O terninho, porém, é o item mais comumente associado ao período. Esses conjuntos de alfaiataria para homens e mulheres tinham paletó amplo, ombreiras e mangas que deviam ser dobradas (mesmo nos caros itens produzidos por Armani). Calças masculinas tinham cintura alta, muitas vezes no estilo da banda Kid Creole. Os jeans também exibiam cintura alta e comprimento até os tornozelos, geralmente revelando meias brancas. As saias, quase sempre justas, podiam ser supermíni ou na altura dos joelhos.

Os figurinos glamorosos de ombros largos usados pelos personagens do seriado americano *Dinastia* popularizaram o *power dressing* [por meio do qual as mulheres demonstravam sua força no mercado de trabalho]. As cores eram audaciosas e muitas vezes contrastavam com o preto. Logotipos de grifes eram exibidos com orgulho em camisas e paletós, mostrando o pior lado da moda como símbolo de status. Foi a década que realmente lançou a "etiqueta de grife", e muitas marcas americanas e europeias produziram linhas caras em escala global.

Os esportes influenciaram as roupas casuais para o dia a dia, com agasalhos coloridos, tênis assinados por estilistas e leggings usados com salto agulha. A linha aeróbica de Jane Fonda e o filme *Fama*, de 1980, introduziram collants, bodies e leggings ao guarda-roupa comum. Camisetas com slogans gigantes estavam em todo lugar: Katharine Hamnett ficou famosa ao usar uma delas com a mensagem antinuclear "*58% don't want Pershing*" [58% rejeitam os mísseis Pershing] ao encontrar Margaret Thatcher, em 1984.

Personificado por *lady* Diana Spencer, o estilo Sloane Ranger incluía blusas com gola de babados, colar de pérolas, saias de Laura Ashley, xales de pashmina, camisetas polo, jaquetas Barbour com a gola levantada e escarpins Ferragamo com laços ou detalhes dourados; para a noite, *cocktail dresses* de seda estampada colorida com franzidos horizontais, grandes laços e saias balonê (lançadas por Lacroix em 1986, depois das mini-crinis de Westwood). Na Chanel, Karl Lagerfeld enfatizou as correntes típicas da marca, e o dourado tornou-se o detalhe principal. Yves Saint Laurent usou aplicações coloridas nas coleções Picasso (outono/inverno de 1979-80 e primavera/verão de 1988) e colocou anáguas de tule pink como os tutus das bailarinas sob vestidos curtos de veludo.

O cabelo era volumoso, com permanente para mulheres e homens. Inspirada por músicos como Nick Rhodes e Adam Ant, a maquiagem também era usada por garotos, com olhos acentuados com kajal. Acessórios tinham muita importância: enormes brincos pendentes ou de pressão, cintos de correntes douradas, largas faixas de couro na cintura. Chapéus – que tinham perdido espaço desde a década de 1950 – voltaram à moda, assim como luvas e sapatos coordenados.

Moda de vanguarda

Por outro lado, uma nova geração de estilistas japoneses de pensamento independente – Rei Kawakubo, Yohji Yamamoto e Issey Miyake – estrearam em Paris, em 1981, e provocaram reações variadas. Ao desafiar o conceito ocidental da beleza, pregaram a

Abaixo, cocktail dress de cetim com estampa de onça, da Yves Saint Laurent Rive Gauche, outono/inverno de 1986-87. (F)

Introdução

OS ECLÉTICOS ANOS 1980

"Coloco o comprido sobre o curto, o curto sobre o comprido, quebro todas as regras possíveis e descubro diferentes possibilidades por meio da disposição dos volumes sobre o corpo... a moda nunca foi tão excitante." *John Galliano*

Abaixo, *cocktail dress* de veludo preto e tule pink da Yves Saint Laurent Rive Gauche, meados da década de 1980. (G)

Direita, Inès de La Fressange desfila conjunto com debruns e correntes douradas de Karl Lagerfeld para o *prêt-à-porter* Chanel. Outono/inverno de 1989-90.

Esquerda, saia balonê emblemática de Christian Lacroix, outono/inverno de 1987-88.

Abaixo, cocktail dress com estampa de rosas, de Christian Lacroix, fim da década de 1980-início de 1990: etiqueta dourada, saia rodada com babados, fuxicos preto e branco e anágua rígida de crinolina. (D)

À direita, Katharine Hamnett lançou a moda das camisetas com slogans, comuns em meados da década de 1980. O modelo Feed the World coincide com o espetáculo Live Aid, em 1985. (B)

"desconstrução", questionando e alterando a estrutura e o acabamento das roupas. Peças em uma paleta monocromática exibiam buracos, rasgões, talhos e pedaços puídos. O *Le Figaro* escreveu que os japoneses produziam peças "para o fim do mundo, como se fossem bombardeadas até se transformar em retalhos".

Também em contraste com os terninhos na linha *Dinastia* eram os *looks* de vanguarda feitos por nomes como BodyMap, John Galliano e Vivienne Westwood. Muitos desses visuais mais provocativos foram influenciados e adotados pelo movimento new romantic, com raízes na cena noturna da década de 1980.

Esquerda, jaqueta-armadura acolchoada de cetim preto, assinada por Richard Torry no início da década de 1980: ombro semelhante ao exibido na coleção Time Machine, de Westwood, em 1988. (E)

Centro, casaco de noite de Christopher Nemeth e Judy Blame, c. 1985. Era acompanhado por um único brinco de Judy Blame com borla, botões e alfinete de segurança. (N)

O NEW ROMANTIC

Acima, raro casaco Pakis in Outer Space, de Leigh Bowery, 1982: grande estrela no centro das costas, recortes frontais ao estilo do século XVIII e três botões. (L)

Acima, Boy George com camiseta de Susan Clowes com rosas e frase em hebraico.

Da maneira mais recorrente, o estilo new romantic era exemplificado pelos belos vestidos de baile armados feitos por Elizabeth e David Emanuel e por Zandra Rhodes, com uma profusão de laços, babados e aparência de menina com roupa de gala. Do lado mais inovador havia Richard Torry, Stevie Stewart, Christopher Nemeth, David Holah, Rachel Auburn, Leigh Bowery, a grife Pallium Products, de Melissa Caplan, e o estilo Toy Soldier, de Rosemary Turner (da loja PX, no Covent Garden), usados por gente como [a cantora] Toyah Wilcox, [o estilista] Stephen Linard, [o designer de chapéus] Stephen Jones e [o designer de acessórios] Judy Blame. Na PX, Steve Strange era assistente de vendedor, e Stephen Jones exibia fabulosos chapéus no subsolo. Na The Foundry, onde Boy George trabalhava, Susan Clowes expunha estampas coloridas que misturavam as iconografias judaica e cristã.

Era uma subcultura que dominava a moda e a música pop. Lugares como o clube Cha Cha, gerenciado por Scarlett Bordello, o Taboo Club, liderado pelo provocativo artista e estilista Leigh Bowery, e o famoso Blitz, que tinha à frente o jovem Steve Strange, de 19 anos, só permitiam a entrada de quem estivesse vestido de maneira inovadora, muito particular ou criativa. Se fosse conservador, não entrava. Os entusiastas eram chamados de Blitz Kids, e as ideias, experimentações e teatralidade das roupas que usavam passaram dos clubes para a passarela e foram disseminadas mundo afora.

Hoje, peças de Leigh Bowery (1961-1994), o mais radical e talentoso do grupo, são caras. Outros estilistas entre os Blitz Kids, embora muito procurados por colecionadores, ainda têm preços moderados, mas esse é um importante nicho da moda, e vale investir pensando em uma valorização futura. Estilistas independentes não tinham muita produção e estiveram na ativa por pouco tempo – são, por isso, bem raros.

Esquerda, BodyMap, primavera/verão de 1986.

Abaixo, vestido de veludo stretch branco e preto com punho de malha na barra, c. 1985. (I)

BODYMAP

Abaixo, vestido de algodão turquesa estampado, c. 1985: decote nas costas e manga alongada. No detalhe, a etiqueta da peça. (E)

Stevie Stewart e David Holah (ambos de 1958) lançaram a grife BodyMap em 1982. Stewart disse: "No começo da década de 1980, o clima era cinzento, e trouxemos ideias frescas e vibrantes com novas proporções, estampas e tecidos interessantes que foram muito bem recebidos!". O estilo era casual, com sobreposições, mas também dramático, com uma abordagem experimental das proporções. Feitos de jérsei de algodão, Lycra e viscose, desenvolvidos especialmente para eles, os modelos foram inovadores. Segundo Stewart, "viramos o corte do avesso e tentamos desenvolver técnicas próprias – como, por exemplo, mangas de cabeça para baixo e decotes ao contrário, saias com apenas uma costura, saias rabo de peixe e tops enormes de moletom. Abraçamos o conceito das temporadas desde o corte de cada peça – a coleção Cat in the Hat Takes a Rumble with the Techno Fish, do outono/inverno de 1984-85, tinha um padrão de peixe".

Casacos volumosos estampados com o nome BodyMap em letras enormes eram combinados a saias colantes no estilo sereia, saias de líder de torcida ou blusas baby-doll e meias-calças. O *look* final não seguia uma receita, e sim o gosto individual. Era possível acrescentar chapéus, sutiãs, meias, leggings e tênis de salto anabela.

No começo, a designer têxtil Hilde Smith criou estampas para a BodyMap com o auxílio do computador: ousados motivos gráficos que incluíam estrelas, padrões reticulados e quadrados preenchidos. Os nomes das coleções eram tão inventivos quanto as roupas: Barbee Takes a Trip Around Nature's Cosmic Curves [Barbee viaja pelas curvas cósmicas da natureza], da primavera/ verão de 1985, com cores fosforescentes e tecidos sintéticos, e Querelle Meets Olive Oil [Querelle encontra Olívia Palito], da primavera/verão de 1984, combinando a sexualidade de um personagem ao jeito embasbacado do outro. Boy George, Leigh Bowery e o dançarino Michael Clark desfilaram na passarela. Em 1985, a BodyMap lançou as linhas B Basic, Red Label (com preços mais baixos) e roupas de praia. Queriam atingir não só os frequentadores de clubes noturnos, mas a clientela internacional das butiques de vanguarda. A empresa fechou no fim dos anos 1980 depois de seu nicho lutar para sobreviver em um período de recessão.

Encontrar exemplares em boas condições pode ser difícil, já que estão geralmente desbotados depois de diversas lavagens. Peças com a etiqueta preta e branca e a estampa de mão são as mais cobiçadas. Os trajes de estampas fortes e corte diferenciado têm grande procura por museus e colecionadores.

THIERRY MUGLER

Esquerda, cocktail dress dourado e plissado, c. 1987: plissado radial, na frente e nas costas, ombros exagerados e angulares e mangas com plissado horizontal. (P)

Abaixo, conjunto metálico para a noite, c. 1987-89: corpete estruturado tomara que caia com ondulações e nadadeiras; saia coordenada rabo de peixe com recortes que lembram guelras. (S) Jaqueta de camurça roxa e verniz preto, primavera/verão de 1989. (N)

O *power dressing* característico de Thierry Mugler, com um viés fetichista, rendeu peças sensuais para as poderosas mulheres modernas, acentuando as curvas do torso feminino em terninhos simples para o dia ou vestidos sereia metálicos para a noite.

Thierry Mugler (1948) lançou sua primeira coleção, Café de Paris, na capital francesa, em 1973, e abriu uma butique na place des Victoires em 1978. Os trajes da década de 1970 exibem etiquetas de cetim marrom – passaram a ser azuis por volta de 1980. As peças do início dos anos 1970 são extraordinárias, mas foi no período seguinte que Mugler realmente desabrochou. Com espetaculares desfiles teatrais e celebridades na passarela e nas lojas, ele se tornou uma estrela.

Ombros exagerados, cintura apertada, pepluns, saias-lápis ajustadas no quadril e espartilhos tornaram-se típicos. Ao lado das saias-lápis, os ombros largos formavam uma silhueta triangular que mais tarde seria suavizada, durante a década de 1990, em contornos curvilíneos e na figura da ampulheta. Mugler transformou o New Look de Dior em algo futurista, com o glamour da ficção científica. Jerry Hall sintetizou esse ideal estético. Sobre a modelo, Mugler disse: "Ela tem tudo, sensualidade, suavidade, voluptuosidade e desdém".

A produção do estilista tem um ar de fantasia e fetiche. Para o dia, terninhos chiques e sensuais foram sucessos comerciais, produzidos em grande quantidade. Ele gostava de usar preto e de misturar texturas; dessa forma, jérsei ou gabardine pretos podiam ser combinados a veludo da mesma cor e vinil. Exemplares de cores mais vivas tendem a ter o preço um pouco mais alto. Detalhes pontudos, como nadadeiras ao longo das mangas e formas de asa, também eram marcantes. Ele amava corpos celestes, que aparecem em recortes ou aplicações coloridas nas vestimentas – como cometas de pedrarias em vestidos e terninhos de veludo, detalhes nos vestidos estilo comunista da coleção Les Milteuses (outono/inverno de 1986-87) ou fivelas estilizadas e bijuterias, de simples broches e brincos de metal aos elaborados colares esmaltados Milky Way, feitos pelo joalheiro parisiense da alta-costura Robert Goossens.

Era nos trajes de noite, entretanto, que Mugler soltava a fantasia e a imaginação. As roupas podiam lembrar peças usadas por uma soberana como Cleópatra (com saias plissadas que saíam de faixas no quadril), uma sereia subterrânea (com camadas de escamas metálicas na saia e seios em forma de concha) ou uma heroína dos quadrinhos (vide os paletós de camurça coloridos de 1989, com teias de verniz preto lustroso).

O sucesso de Mugler adentrou a década de 1990, mas o ateliê foi fechado em 2000. A nova geração redescobriu sua maestria por meio da exposição Superheroes: Fashion and Fantasy, produzida pelo Metropolitan Museum of Art em 2008, e da direção artística da turnê mundial I am..., de Beyoncé, em 2009.

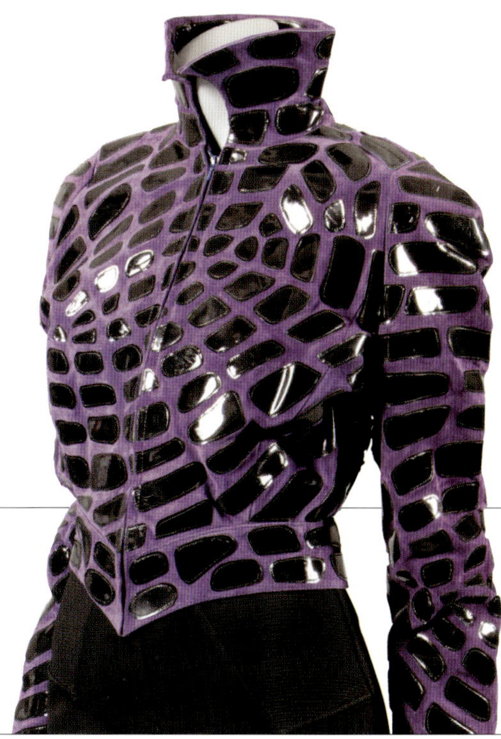

"Toda mulher tem uma deusa dentro de si. Adoro glorificá-la."
Thierry Mugler

Depois de treinar em Paris com os grandes Jean Dessès e Guy Laroche, Valentino Garavani (1932) abriu um ateliê na respeitada via Condotti, em Roma, em 1959. A influente loja de departamentos I. Magnin, de São Francisco, tornou o estilista famoso nos Estados Unidos. Quando Jacqueline Kennedy casou-se com Aristóteles Onassis em um minivestido de crepe e renda marfim assinado pelo italiano, consta que 38 versões de alta-costura foram encomendadas à casa.

Ele incrementou a presença de sua marca no mundo todo abrindo butiques Valentino (a partir de 1969), as linhas de *prêt-à-porter* Miss V e Valentino Night e negociando franquias para vender produtos de couro, bijuterias e perfume. Muitos exemplares de seu *prêt-à-porter* de qualidade são vendidos a preços moderados, mas os valores dão um salto quando se trata da alta-costura.

No final da década de 1970 e início de 1980, seus vestidos elegantes, belamente confeccionados e, claro, caros, com bordados fabulosos, eram cobiçados por clientes ricos. Valentino sempre usou os melhores tecidos possíveis, geralmente combinados a cores vivas – mas seu nome sempre será sinônimo do vermelho.

Seu conterrâneo Roberto Capucci (1930), um gênio na combinação e nos contrastes de cores, também fez sucesso nos Estados Unidos. Ele abriu um ateliê em Roma, em 1950, e doze anos depois mudou-se para a rue Cambon, em Paris, onde permaneceu até voltar para a Itália, em 1969, para fugir da imprensa francesa, que considerava volúvel e crítica. Da década de 1960 em diante, Capucci fez experiências com a matéria-prima, misturando plástico e vidro ou bambu e jérsei de seda com criatividade, estilo e linhas perfeitas. Fez vestidos de tafetá de seda plissada com saias formadas por pétalas rígidas tridimensionais. Alguns dos modelos mais elaborados podem ser vistos como esculturas que se mantêm em pé sem que alguém precise vesti-las. A alta-costura de Capucci é rara, mas essas criações magistrais são muito desejáveis para quem quer usar algo chamativo no tapete vermelho ou para museus que desejam ter uma peça colorida e arrebatadora no acervo.

Abaixo, esquerda, cocktail dress de veludo preto da alta-costura de Roberto Capucci, meados da década de 1980: barra de babados ao estilo flamenco, em cores vibrantes. A saia desce em ondas multicoloridas – Capucci usava tons fortes para enfatizar ou exagerar a construção das roupas. (L)

Abaixo, direita, cocktail dress de veludo preto da alta-costura de Valentino, com ombros angulares, início da década de 1980: a faixa de pedrarias encobre a parte final das costas e forma pontas na frente para acentuar a cintura fina. (N)

MESTRES ITALIANOS

Direita, cocktail dress de cetim verde-jade e paetês da alta-costura de Valentino, c. 1983: corpete com zíper bordado e paetizado com motivos de folhas em tons de azul, verde e prata em um fundo de chenile preto. A alta-costura de Valentino tem qualidade e acabamento excepcionais, comparáveis ao que foi produzido nas melhores grifes de Paris. (M)

Diana, princesa de Gales (1961-1997) foi uma das mais emblemáticas e fotografadas personalidades do século XX. Aonde quer que fosse, seu estilo era minuciosamente inspecionado, discutido e imitado. Como jovem "Sloane Ranger" [membros ricos da sociedade britânica], lady Diana Spencer usava blusas sérias com babados na gola e saias franzidas simples. Em março de 1981, porém, em seu primeiro compromisso oficial com o príncipe Charles, havia indícios de que essa moça tímida era um ícone de estilo esperando para emergir. Ela usou um vestido de tafetá preto de Emanuel, com corpete tomara que caia e decote profundo, revelando o colo de forma ousada para a imprensa. David e Elizabeth Emanuel também fizeram o modelo mais importante da vida de Diana: o vestido de tafetá de seda marfim que ela usou em seu casamento com o príncipe Charles na catedral Saint Paul, em 29 de julho de 1981.

Nos primeiros anos da união, a princesa priorizou românticos vestidos de baile e delicados *cocktail dresses* de chiffon estampado. Com o tempo, seu gosto amadureceu, e ela passou a usar trajes de veludo escuro, perfeitos para combinar com as joias e com sua compleição pálida. Muitas vezes usava preto, apesar dos conselhos de que isso iria contra o protocolo real.

Na década de 1990, a autoconfiança da princesa aumentou. Ela escolhia roupas mais modeladas para enfatizar o físico magro e atlético, e as produções tornaram-se mais desafiadoras e sofisticadas. Apesar de ainda leal a seus estilistas britânicos preferidos – Catherine Walker, Zandra Rhodes, Victor Edelstein, Bellville Sassoon, Bruce Oldfield e Jacques Azagury –, Diana começou também a exibir criações de estrangeiros como Gianni Versace e Christina Stambolian.

Abaixo, o vestido de tafetá preto Emanuel usado por lady Diana Spencer em sua primeira aparição oficial (depois de anunciar o noivado) ao lado do príncipe Charles no Goldsmith's Hall, em 9 de março de 1981. (FF)

Abaixo e direita, vestido de crepe paetizado marfim e cor-de-rosa com decote assimétrico, assinado por Catherine Walker e usado pela princesa em 1991. O modelo justo favoreceu o corpo atlético de Diana, que, durante a década de 1990, se tornaria mais confiante e sensual. A peça une glamour e sofisticação. (AA) A princesa com vestido de seda de Catherine Walker, julho de 1989.

Ícone de estilo

DIANA, PRINCESA DE GALES

"É vital para a monarquia manter-se em contato com as pessoas. É o que tento fazer." *Diana, princesa de Gales*

** Golas de babados e cardigãs de cashmere * Safiras ** Cocktail dresses *mais justos na cor preta, sua preferida * Românticos vestidos de baile de tafetá*

AZZEDINE ALAÏA

Acima, Alaïa celebra a forma feminina: modelos em Paris, outubro de 1986.

Apesar de Azzedine Alaïa (1939) ter começado a trabalhar em Paris na década de 1970, só se tornou conhecido ao lançar a marca Alaïa, em 1980. Enquanto outros estilistas experimentavam com sobreposições e volume, ele foi um dos primeiros a levar em conta a forma do corpo. Suas roupas abraçavam a usuária, enfatizavam as curvas e aperfeiçoavam as compleições esbeltas e atléticas. Nas coleções do início, os trajes eram pretos, às vezes com marfim, cinza, marrom, turquesa, verde-pistache ou roxo. Mesmo *prêt-à-porter*, eram itens caros, inicialmente produzidos em menor quantidade que a demanda. Embora tenha feito alguns tricôs estampados no começo da década de 1990, prefere que as criações girem em torno da construção e da textura, e não dos padrões. Os diminutos vestidos pretos de malha de jérsei, colados ao corpo, tinham recortes com costura muito estruturada e tornaram-se um clássico de seu design.

Alaïa é um gênio da malharia e, na década de 1980, usou-a de várias formas: simples jérsei de lã, chenile canelado, seda macia. Uma de suas criações mais emblemáticas é o vestido de malha com capuz, de 1985, que se tornou famoso ao ser usado por Grace Jones. A peça de malha se enrola em torno do corpo e, quando o zíper é aberto, forma um pedaço plano de tecido. A inspiração veio da atriz francesa Arletty em *Hotel do Norte*, de 1938 – "Ela usava um vestido de zíper", disse Alaïa, "e, quando o abria, fazia um gesto que me intrigava. Foi a partir desse gesto que desenvolvi a ideia do modelo, que fica completamente plano quando é aberto".

Outro material de sua preferência é o couro, usado desde o final da década de 1970. Pode ser simples, mas macio, com nesgas inteligentes e recortes pespontados; com furos e rebites; em cores contrastantes ou cortado a laser para se parecer com renda. É usado em casacos e saias ou em trajes completos, às vezes com grandes lapelas dobradas e zíperes enormes. No outono/inverno de 1981-82, Alaïa lançou o body, muito copiado, com usos variados: de malha de viscose, em elaborados *cocktail dresses* de tule e veludo com estampa de oncinha ou trajes complexos com tiras e amarrações.

Embora peças individuais e terninhos simples ainda sejam razoavelmente acessíveis, os modelos inovadores para a noite da década de 1980 são muito desejados e procurados. Alaïa é um grande historiador e colecionador de moda (os conjuntos justos para o dia podem, por exemplo, ser inspirados por vestimentas para montaria ou espartilhos do século XIX). Seu conhecimento sobre a história da moda é notório, e sua coleção de alta-costura e vintage é uma das melhores do mundo, selecionada em função de beleza, raridade e excelente design. Seus heróis são Vionnet e Balenciaga, cuja perícia ele reproduz em seu próprio trabalho.

Direita, exclusivo vestido de malha de lã com capuz marrom-chocolate, c. 1986: um único zíper envolve o corpo. Grace Jones, modelo e cantora, ficou famosa por usar os vestidos de malha com capuz de Alaïa. (K)

Esquerda e abaixo, peças irreverentes da coleção primavera/verão de 1990 de John Galliano, apresentadas na Fashion Week de Londres em outubro de 1989. A barriga exposta da modelo é delineada por um cinto que traz latas. Chapéu John Galliano, c. 1986. (F)

JOHN GALLIANO

"Há poucas pessoas verdadeiramente criativas no mundo da moda que, por meio de seu espírito, alegria criativa e personalidade, dão à indústria o que é necessário: um pouco de maluquice inventiva." *Anna Wintour, sobre Galliano*

John Galliano (1960) tira infinitas inspirações da moda histórica e faz experiências vorazes com o corte e a modelagem. O formato inteligente e inusitado das peças da década de 1980 é reconhecido com facilidade, e as proporções têm um papel importante, com camisas largas o suficiente para abrigar duas pessoas, mangas cortadas em curvas com aplicação de babados e aspectos característicos de seu estilo em detalhes como bolsos e botões.

Em 1984, a coleção criada para sua formatura celebrou as vestimentas extravagantes, anarquistas e reveladoras dos *les incroyables* e *les merveilleuses* – a subcultura monarquista de jovens homens e mulheres pós-revolucionários na Paris do fim do século XVIII. Em "pesquisas" noturnas pelos clubes de Londres, Galliano aderiu ao movimento que se afastou do estilo duro e agressivo do punk em favor das rendas e do romance. Marfim, bege e cinza recebiam listras coloridas, forros escarlate, coletes florais no estilo dândi e fuxicos tricolores, completando *looks* fluidos e românticos. Saias infladas de organdi branco com laços eram usadas sob coletes contrastantes e grandes casacos drapeados assimétricos. Calças de jérsei tinham corte *baggy* e eram drapeadas, com cavalo baixo; o tecido se ajustava à medida que descia pela perna. A loja Browns, London comprou todas as peças – os coletes e as camisas de organdi, mais fáceis de usar, se esgotaram e permitiram a Galliano produzir as roupas em casa, com a ajuda de amigos.

A segunda coleção, Afghanistan Repudiates Western Ideals, na primavera/verão de 1985, trazia calças no estilo dhoti [típico da Índia] de algodão bege-pálido, azul-jeans, cinza, xadrez marrom e listras coloridas. Eram usadas com volumosas casacas com abas e mangas presunto que se estendiam para "fazer as vezes de luvas". Outros tipos de manga eram cortados em forma de C, com talhos do pulso ao punho presos por botões e arrematados por tiras enrugadas do mesmo tecido.

"Uma mistura maluca"

Lapelas desencontradas apareceram em casacos e boleros. Um casaco era usado de cabeça para baixo e dava a impressão de estar do avesso por causa da costura enviesada, visível; numerosos paletós tinham barras DA (duck's arse), enquanto outros apresentavam botões de massinha azuis e verdes, feitos à mão. Além disso, havia vestidos supercompridos de jérsei, saias tubulares e calções até o joelho de tricô de algodão, no estilo das ceroulas. Galliano comentou: "É uma mistura maluca. Nada tem equilíbrio... Misturo formas, misturo proporções". Para essa que foi sua primeira incursão comercial, etiquetas cor de vinho foram bordadas com a inscrição "John Galliano 1" e um brasão azul. A coleção não foi produzida em quantidade: o estilista simplesmente entregou a matéria-prima para que ateliês confeccionassem tudo de maneira rápida e barata.

The Ludic Games (outono/inverno de 1985-86), em tons de branco e marfim, marcou o início da extensa colaboração com a consultora criativa Amanda Harlech, que ajudou a transformar os desfiles em *happenings* teatrais. Com a intenção de serem usados do avesso ou de cabeça para baixo, alguns vestidos unissex também podiam ser colocados de trás para a frente e incluíam modelos estilo império de corte enviesado e acessórios para a cabeça como coroas de flores, gravetos e pássaros empalhados.

Na coleção Fallen Angels, da primavera/verão de 1986 (o começo de uma parceria com o designer de acessórios Patrick Cox, que durou sete temporadas), Galliano estampou seu logotipo no rosto pintado de branco das manequins, que usaram vestidos império de musselina branca umedecida. Forgotten Innocents (outono/inverno de 1986-87) mostrou "maneiras alternativas de vestir as roupas... [Galliano] estava fazendo experiências com o corte circular, que enfatiza maravilhosamente o tecido, e atenuou o

Abaixo, colete tartã, provavelmente feito para a Browns, London, após o sucesso da coleção de formatura, em 1984. Aqui, Galliano usa uma etiqueta simples de cetim (*direita*), pois a peça é anterior às coleções oficiais, que tiveram suporte financeiro. A parte de trás, com corte alto, é confeccionada com dois tipos de algodão floral. (I)

drapeado sem muitas dobras". O patrocínio da Aguecheek [empresa de varejo] para a primavera/verão de 1987 levou a um estilo mais refinado, com camisas de exagero contido, em que a rosa estilizada, tecidos torcidos e a paleta pastel tornaram-se marcas registradas.

Exemplares das primeiras coleções de Galliano são raros: por causa da complexidade do corte, não havia produção em quantidade. Mesmo com problemas financeiros, depois de 1990 ele continuou a produzir mostras que nem sempre podia bancar – até que Anna Wintour o ajudou a viabilizar o desfile de 1993 (todo feito de tecido preto, o único que conseguiu comprar). Depois de um breve período na Givenchy, foi contratado como estilista principal da Dior em 1996, onde estreou com uma coleção na primavera de 1997 e permaneceu fazendo sucesso até a notória demissão, em 2011.

O controverso Galliano ainda é um dos grandes estilistas do século XX, e seu trabalho merece a atenção de museus e colecionadores de moda. Em função de terem sido produzidas em pequena quantidade, as peças do início da carreira, assim como os primeiros modelos de alta-costura para a Dior, são raras e atingem altas cifras nos leilões.

Esquerda e abaixo, à esquerda, etiqueta "John Galliano London", feita antes da mudança para Paris, em 1993. Os rótulos do começo da carreira seguem o mesmo padrão, com o acréscimo do número 1 depois do nome do estilista. Exclusivo paletó de algodão mostarda, meados da década de 1980: ombreiras angulares, longas mangas góticas e grande botão oval na cintura justa, com debrum verde-escuro. (L)

Abaixo, esquerda para a direita, vestido com casa de abelha de algodão grafite, 1985-86, com etiqueta "John Galliano 1": cintura com quatro cordões de amarrar, alguns com pompons de pele, para ajustar a altura da saia e formar babados. (L) Casaco volumoso de algodão bege, 1987: lapelas largas e altas, abotoamento duplo com botões de madrepérola e bolsos largos na altura do peito. (L)

Direita, modelos com peças brancas da coleção Forgotten Innocents, outono/inverno de 1986-87.

WESTWOOD NA DÉCADA DE 1980

Esquerda, Vivienne Westwood, "rainha da moda", na loja World's End, 1983, com uma coroa de tweed Harris.

Abaixo, vestido toga de jérsei de algodão estampado da coleção Nostalgia of Mud (Buffalo), outono/inverno de 1982-83. Foi o primeiro desfile de Westwood em Paris. A estampa foi inspirada pela série de litogravuras *Femmes et singes* (1905-07), de Henri Matisse. (M) Tênis de couro preto com três linguetas da coleção Witches, outono/inverno de 1983-84. (F)

Em 1980, Westwood e McLaren reabriram o endereço no número 430 da King's Road com o nome de World's End – era uma espécie de loja de bugigangas saída das histórias de Dickens ambientada como um galeão desgovernado com piso inclinado. As novas etiquetas traziam a inscrição "Westwood McLaren. Born in England" e mostravam um braço de pirata segurando um cutelo curvado.

Westwood deixou de lado a estética punk e o movimento em direção ao romantismo para encontrar seu lugar como estilista. Na coleção Pirate (outono/inverno de 1981-82), reinterpretou e fez experiências com tendências históricas, cortes étnicos e estampas. Dominada por uma camisa pirata unissex e pelo famoso padrão Squiggle, adaptado do original criado por Jean-Charles de Castelbajac, mostrava calças soltas curtas e baixas, paletós com listras madras e chapéus de dois bicos, de feltro preto, enfeitados com rosetas e borlas douradas. Sapatos caros e exclusivos eram feitos de brocado e usados com meias de algodão estampado. Coletes de cetim monocromático à moda dos gibões equilibravam a profusão de cores e camadas. O primeiro desfile em Londres apareceu na *Vogue* britânica, sinal de que os *enfant terribles* da moda local já estavam assimilados. Embora peças separadas da coleção Pirate sejam relativamente baratas, os conjuntos completos (caros mesmo na época) são raros, e a busca incessante dos museus por eles pode fazer o preço subir.

Na primavera/verão de 1982, a coleção Savages misturou temas étnicos e referências a Dickens. Longas togas de jérsei de algodão branco com saias de cauda amarradas na lateral receberam estampas de pinturas conhecidas e são muito desejáveis, pois combinam moda e arte. Entre os acessórios, havia chapéus de feltro redondos e véus à moda das burcas. Ousados tricôs com motivos geométricos, vestidos de algodão estampado, saias e túnicas exibiam um turbilhão de cores.

Nostalgia of Mud (Buffalo), no outono/inverno de 1982-83, tinha roupas rastafári e primitivistas cortadas propositalmente de uma forma tão larga que as modelos precisavam segurá-las no lugar. Sutiãs de cetim eram usados sobre vestidos toga de algodão estampado e havia saias grossas em camadas, sapatos amarrados nos tornozelos e chapéus altos de feltro no estilo boliviano – tudo em tons de marrom opaco, rosa e cinza.

Descrita pela imprensa como "sem-teto chique", Punkature, da primavera/verão de 1983, apresentou uma fusão dos estilos punk e Buffalo com estampas elaboradas, formas volumosas e tecidos envelhecidos em "verde arsênico", laranja, marrom, rosa-choque e azul. Para brincar com proporção e escala, as camisas tinham palas de tecidos contrastantes, decotes muito largos e mangas extralongas. Saias e calças exibiam palas em forma de meia-lua amarradas por tiras, algumas feitas com panos de prato. Meias coloridas, sem ponta, eram usadas com sandálias. Saias e camisas foram estampadas com cenas de *Blade Runner* (1982). Por não ter feito muito sucesso, a coleção é bem rara.

Witches, do outono/inverno de 1983-84, foi a última colaboração entre Westwood e McLaren. Dinâmica e disruptiva, caracterizou-se por exibir alfaiataria masculina, casimira listrada, ombros pontudos, botões de borracha de forma fálica e moletons confortáveis. Desenhos de Keith Haring estamparam paletós, saias e tricôs de jacquard. Chapéus pontudos de feltro batizados de Chico, em homenagem a Chico Marx, e tênis de couro preto com duas ou três linguetas assinados por Patrick Cox completavam o repertório. Era radical, mas usável, e foi um sucesso de vendas.

Em Hypnos (primavera/verão de 1984), a produção foi deslocada para a Itália e patrocinada pelo empresário italiano Carl D'Amario. Westwood usou tecidos sintéticos elásticos e fluorescentes em contraste com branco ou preto, novamente com botões de forma fálica e cabeças de Medusa com falos em lugar das cobras. Sem retorno de vendas, a estilista precisou fechar as lojas World's End e Nostalgia of Mud. Na estação seguinte, a coleção Clint Eastwood trouxe capas impermeáveis fluorescentes com cinto e calças fetiche curtas, repletas de logotipos italianos e adesivos fosforescentes. Poucas peças entraram em produção depois do caótico desfile, em Paris. Mesmo assim, D'Amario continuou a financiar a etiqueta World's End.

Na primavera/verão de 1985, a Mini-Crini apresentou saias de algodão e tweed em estilo vitoriano, pesquisado em minúcias. Em lugar de focar os ombros, como antes, Westwood enfatizou o quadril. Saias preto e branco ou com estampa de estrelas e listras foram usadas com camisas de pintinhas, sapatos brancos de Minnie Mouse ou calçados de couro preto com plataforma de madeira. Como poucos exemplares foram confeccionados, conjuntos completos da coleção Mini-Crini raramente aparecem no mercado.

Em 1986, Vivienne voltou a Londres e retomou a World's End. A coleção Harris Tweed (outono/inverno de 1987-88), com tecidos feitos por encomenda nas ilhas Hébridas, na Escócia, era uma leve paródia dos hábitos refinados da sociedade conservadora, com paletós de alfaiataria e *twin sets* de tricô, combinados a coroas de tweed Harris, sapatos com plataforma de madeira, chapéus femininos perolados e masculinos no estilo Sherlock Holmes. A etiqueta exibia o logotipo da Harris Tweed, adotado por ela, envolto por um aro à maneira dos anéis de Saturno – o mesmo motivo foi bordado nos *twin sets* de tricô feitos pelo fabricante John Smedley. Dali em diante, as roupas teriam etiquetas vermelhas no *prêt-à-porter* e douradas nos pedidos especiais, na alta-costura e na linha produzida na Itália.

Entre a primavera de 1988 e a de 1990 houve a Pagan Series, com as coleções Britain Must Go Pagan, Time Machine, Civilizade, Voyage to Cythera e Pagan V. Apenas a Time Machine – suéteres com estampas do jogo Space Invaders, coletes e paletós com mangas removíveis, tudo de tweed, tricô listrado, couro preto e pele de carneiro, tanto para homens quanto para mulheres – teve sucesso comercial. Também apareceram espartilhos metálicos com mangas de armadura removíveis e minissaias com babados de renda que, quando removidos, faziam as pregas frontais se estenderem. Uma das peças mais famosas é o polêmico body nude com uma folha de figo em frente à genitália, da coleção Voyage to Cythera (outono/inverno de 1989-90), com o qual Westwood foi fotografada.

Toda a produção da década de 1980 é interessante para os colecionadores. Imaginação, narrativa histórica, modelagem inteligente, novos usos para tecidos tradicionais (e novos materiais usados de forma clássica) e a alta qualidade das vestimentas (mesmo nos anos da moda punk) garantem o lugar de Westwood entre os maiores e mais influentes estilistas do século XX.

Esquerda para a direita, suéter com tubo na altura do busto, etiqueta "World's End". Coleção Savages, primavera/verão de 1982. (E) Trench coat da coleção Witches, outono/inverno de 1983-84. (L)

Direita, conjunto da coleção Pirata, outono/inverno de 1981-82: a imagem mostra o fabuloso chapéu de dois bicos, a camisa com estampa Squiggle e o colete, mas o *look* completo incluía paletó, calça de damasco vermelho e botas de bico quadrado. (U)

Embora Kenzo Takada, Issey Miyake e Hanae Mori já fossem nomes conhecidos em Paris, todos faziam basicamente moda europeia, ainda que vista por olhos japoneses. No começo da década de 1980, entretanto, os "três grandes" – Rei Kawakubo (1942, fundadora da Comme des Garçons), Yohji Yamamoto (1943) e Issey Miyake (1938) – introduziram uma maneira nova e puramente oriental de olhar para a moda, com um enfoque intelectual diferente de tudo o que existia no Ocidente.

Kawakubo e Yamamoto ganharam fama internacional em 1981, quando mostraram suas primeiras coleções em Paris. Com quase todas as peças pretas, ambos exibiram vestimentas exageradas e assimétricas, com aparência envelhecida. O preto, que acentua a silhueta, era a cor preferida, às vezes pontuada por marfim ou cinza. Os tecidos e seu caimento, as sombras e a interação com o corpo eram levados em conta na hora de criar as roupas – algumas tão complicadas que não ficava muito claro como deviam ser usadas, mas a beleza estava na simplicidade, na textura, nas sobreposições e no volume.

Os tricôs em farrapos e as enormes vestimentas despedaçadas com costura aparente faziam um contraste enorme com as outras coleções mostradas em Paris – como as peças coloridas de Versace e Saint Laurent e os modelos curvilíneos e justos de Mugler e Montana – e chocaram o circuito da moda ocidental. Yamamoto simplificava tudo para revelar o que chamou de "a beleza que permanece quando o excesso é eliminado", e, com a coleção de 1981 da Comme des Garçons (apelidada de Le Destroy pelos críticos franceses), a inovadora Kawakubo atacou não apenas os ideais ocidentais de construção, mas de beleza: calças com punhos, saias com mangas que caíam da parte da frente.

O enfoque de Miyake, embora diferente, não era tão radical ou chocante. A partir do tecido, ele se apoia em modelagens inteligentes e muitas vezes complexas. Faz experiências com fibras e tramas, e suas roupas são geralmente tão belas no corpo quanto estendidas de forma plana. É famoso pelos vestidos e paletós plissados. Miyake lançou a marca Pleats em 1988 e a mais acessível Pleats Please – que podia ser lavada à máquina – em 1993. Em 1999, surgiu a linha A-POC ("a piece of cloth" [um pedaço de tecido]), com roupas cortadas a partir de um único pedaço de tecido, sem a necessidade de costuras.

Os trabalhos iniciais de Rei Kawakubo e Yohji Yamamoto fizeram história e, hoje, são muito desejados por colecionadores – assim como as criações de Junya Watanabe (1961), antigo protegido de Kawakubo. Peças de Issey Miyake não costumam alcançar os mesmos valores, e sua linha de vestidos plissados de tafetá é relativamente acessível.

INOVAÇÃO JAPONESA – O CHOQUE DO NOVO

Página ao lado, esquerda para a direita, jaqueta de poliéster vermelho Issey Miyake, amassada e plissada, com corte volumoso e capuz pontudo, década de 1980. (D) Casaco Shell, de Issey Miyake, 1985: tricô de algodão, linho e tiras de náilon com mangas arredondadas. (M)

Abaixo, esquerda para a direita, vestido de algodão estampado Rei Kawakubo/ Comme des Garçons, primavera/verão de 1984. (O) Casaco "pedinte" da Comme des Garçons, c. 1982-83: lã preta e marfim de trama aberta com lapelas assemelhadas a echarpes que se prendem na cintura. (O)

19

Em reação aos símbolos de status e aos terninhos que se transformaram em ícones do *power dressing* na década anterior, o movimento de "não moda" conhecido como grunge partia de um estilo descombinado de jaquetas de brim, vestidos florais antiquados, jeans de cintura baixa que revelavam a lingerie, calças de estilo militar, shorts de cintura alta, camisas xadrezes enormes, casacos com capuz, calças rasgadas, botas Dr. Martens, tênis surrados, gorros ou bonés sobre cabelos compridos, lisos e ensebados. Era um visual fácil e barato, portanto não está entre os objetos de desejo dos colecionadores.

A cena acid house da música eletrônica também revelou modismos. A marca Boy London (que vendia punk nas décadas de 1970 e 1980) produziu peças muito coloridas estampadas com Smiley, e os estilistas decretaram que os jovens estavam "cansados de usar preto". Anna Sui, Marc Jacobs e Kansai Yamamoto criaram versões caras do estilo. Enquanto isso, as Spice Girls clamavam pelo poder feminino em modelos colados de Lycra e tênis plataforma que foram imitados no mundo inteiro.

Linhas que favoreciam o corpo continuavam a aparecer, mas a ênfase saiu dos ombros para beneficiar uma figura mais natural e atlética. Azzedine Alaïa ainda produzia roupas elegantes que valorizavam a estrutura física; Hervé Léger (que lançou sua própria marca em 1993) criou vestidos "bandagens" feitos com Spandex elástico, e tecidos esportivos começaram a ser muito usados para a moda das ruas. Mugler, Montana e Antony Price produziram coleções glamorosas e curvilíneas. Calvin Klein e Giorgio Armani assinaram peças de grife clássicas, elegantes e caras.

Renascimento italiano

Durante o período, a moda italiana (então o maior centro para a produção em massa do *prêt-à-porter* de alta qualidade) foi especialmente influente. Moschino, Prada e Dolce & Gabbana tornaram-se marcas globais, e o urbano e talentoso Tom Ford (1961) deu novo fôlego à enfraquecida Gucci. Seus modelos noturnos da década de 1990 são sofisticados, elegantes e atemporais – as primeiras criações para a Gucci já despertam a cobiça de colecionadores.

Moschino (1950-1994), famoso pela atitude irreverente em relação à indústria, havia lançado sua grife em 1983 com divertidos terninhos de alfaiataria e ousados *cocktail dresses*. Em 1988, inaugurou a linha Cheap & Chic, que incorporou a destreza e o estilo da etiqueta principal. Mesmo sendo muito criativas e interessantes para colecionadores, as roupas de Moschino têm preços relativamente acessíveis. Itens anteriores a 1995 sem dúvida serão valorizados com o passar do tempo.

Domenico Dolce (1958) e Stefano Gabbana (1962) abriram a primeira loja em Milão, em 1986, antes de incrementar a oferta com linhas de praia, lingerie e masculina (em 1990). Conhecidos pelos terninhos risca de giz no estilo gângster, para as mulheres, e pela lingerie aparente (algo já feito por Westwood e Gaultier), fazem produtos caros e de boa qualidade, embora em larga escala, que ainda aparecem em quantidade no mercado e correspondem a um vintage relativamente barato.

No final da década de 1970, Miuccia Prada (1949) havia transformado a luxuosa fábrica de couro da família (fundada em 1913) em uma marca global. Suas diferentes mochilas

Introdução

OS ANOS PÓS-MODERNOS

"Todos os dias penso em mudanças." *Miuccia Prada*

Acima, Kate Moss e outras modelos com saia de borracha no desfile Istante Versus Versace, primavera/verão de 1995.

utilitárias à prova d'água de náilon preto tornaram-se os acessórios obrigatórios dos anos 1990. Em 1992 ela lançou uma segunda linha, a Miu Miu (seu apelido), com tecidos modernos interessantes e incomuns, como organza sintética com enfeites de miçangas, e modelagem simples e limpa. Saias de cintura baixa com pregas eram estilosas e fáceis de usar. Miuccia Prada cria o que gostaria de vestir – e milhares de mulheres concordam com ela. Modelos mais suntuosos da década de 1990 serão provavelmente objeto de colecionadores no futuro.

Alexander McQueen produziu coleções imaginativas, belas e provocantes com sua própria marca e também na Givenchy, onde sucedeu John Galliano, entre 1996 e 2001. Tudo das primeiras temporadas é cobiçado – principalmente se for um conjunto completo, e não itens separados. Colega de McQueen na faculdade Central Saint Martins, Stella McCartney (1971) graduou-se em 1995, e seu pai, Paul, assistiu orgulhoso quando Kate Moss e Naomi Campbell desfilaram a coleção de formatura da filha.

Para a primeira temporada na Christian Dior (outono/inverno de 1997-98), John Galliano mergulhou nos arquivos da grife, com românticas peças enviesadas, saias rabo de peixe e camadas de renda e tule que mostravam sua habilidade na modelagem e o entendimento da nova clientela da alta--costura. Foi uma sensação. Os produtos dessa fase são particularmente interessantes para museus e já atingem grandes somas em leilões ao unir beleza e importância histórica.

Esquerda, vestido lilás de renda de John Galliano para sua primeira coleção na Christian Dior, outono/inverno de 1997-98: corte enviesado inspirado na década de 1930 com babados de renda na frente. (N)

Esquerda para a direita, tailleur arco-íris de Thierry Mugler, primavera/verão de 1990: faixas multicoloridas onduladas, barra assimétrica e botões de pressão. (K) Dois conjuntos Boy London, com inspiração acid house, misturam Smiley, Chanel e mensagens como *If you don't like it... don't look* [Se não gosta... não olhe]. (E, cada um)

Esquerda para a direita, vestido-camisola de crepe e renda cor de tangerina, 1997, com etiqueta de alta-costura: alças com as letras GV nas fivelas douradas com strass, babados de renda e rede lateral para formar a cauda. (K) Saia bufante de seda estampada, c. 1992, com etiqueta "Atelier": mais curta na frente com caimento em camadas nas laterais; corpete vermelho com etiqueta de alta-costura. (L)

GIANNI VERSACE

Embora as primeiras criações datem de 1978, a moda opulenta, exagerada e sexy de Gianni Versace (1946-1997) só decolou mesmo na década de 1990. Caras e espalhafatosas, coloridas e cheias de pedrarias, as peças eram inspiradas em prostitutas, como o próprio estilista admitiu. Os desfiles extravagantes reuniam supermodelos que acrescentavam glamour e fascínio à marca. Versace entendeu a importância das celebridades e sempre garantiu que a primeira fila estivesse lotada de estrelas.

Muitas peças exibiam influências da história da arte – motivos da Itália renascentista, barrocos, etruscos e gregos foram estampados em cetim vistoso ou veludo da melhor qualidade. Versace misturava oncinha com listras e floral com xadrez em túnicas de trama metalizada opulentas e sensuais, vestidos drapeados e exóticos macacões estampados de tigre com bustiês cobertos de mosaicos. Adorava chiffon, renda, brim e couro (de preferência com enfeites dourados). Lingerie aparente era importante, com vestidos-combinação, delicadas saias de chiffon ou renda em uma miríade de tons pastel, alças com pedrarias e amarrações ao estilo dos espartilhos.

Para a coleção da primavera/verão de 1991, Versace – um estudioso da arte – usou tecidos muito coloridos estampados com imagens de Andy Warhol para *tailleurs* e tubinhos longos, acompanhados por bolsas coordenadas. Bordada em bustiês, em fivelas decorativas ou em echarpes, a cabeça da Medusa tornou-se sinônimo da marca.

Bondage (outono/inverno de 1992-93), uma coleção de referência, inspirou-se na figura da *dominatrix*, com alças douradas e fivelas cruzadas sobre espartilhos de jérsei de seda com detalhes de couro. Apesar de deixarem a pele aparente, tiras entrelaçadas faziam com que as roupas parecessem ter muita estrutura. Havia também camisas caubói de couro com ponteiras douradas nas golas e fabulosos casacos de couro matelassados com saias rodadas à moda New Look. Vistas pelos museus como referência (que as mulheres ainda adoram usar), as peças dessa temporada são sempre muito disputadas nos leilões.

As etiquetas da década de 1980 são grandes retângulos brancos e pretos. No período seguinte, diminuíram. Selos com a inscrição "Gianni Versace couture" não correspondem, na verdade, à alta-costura, identificada pelos rótulos em forma de losango com o nome "Atelier". Em 1993 foi lançada uma segunda linha, a Versus, da qual sua irmã Donatella era a estilista.

Versace foi tragicamente assassinado em 1997, mas Donatella (1955) leva em frente a tradição – a gloriosa celebração da cor e da sedução contida em um vestido.

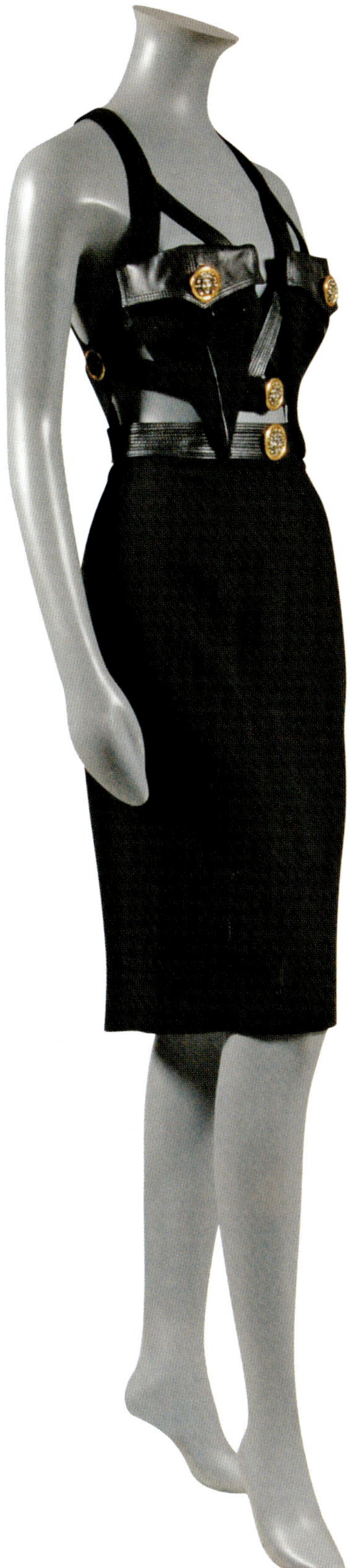

Acima, cocktail dress Bondage com etiqueta de alta-costura, outono/inverno de 1992-93. É uma das coleções mais cobiçadas e valiosas de Versace. (P)

Direita, corpete com bordado de miçangas inspirado em Medusa , c. 1989-91, etiqueta "Atelier". (M) Etiquetas "Gianni Versace couture" e "Atelier", em forma de losango – peças com a segunda estão mais próximas da alta-costura.

Esquerda, jaqueta de couro, primavera/verão de 1991: bojos ressaltados, tiras laterais que imitam costelas, detalhe de *faille* azul na parte da frente, frisos de couro amarelos e marrons e aplicações de serpente e cálice nas costas. (H)

Abaixo, vestido-espartilho vermelho-canela de Gaultier para a Gibo, primavera/verão de 1987: bojos circulares de seda matelassada e recortes de seda stretch na frente e atrás. Menos radicais que as versões do início de carreira, os modelos ainda são procurados por colecionadores. Os preços das versões produzidas em grande quantidade para a linha Junior Gaultier, na década de 1990, são mais baixos. (M)

JEAN PAUL GAULTIER

Acima, modelo com vestido "tatuagem" estampado, *prêt-à-porter* da primavera/verão de 1996.

Depois de breves períodos como aprendiz de Pierre Cardin e Michel Goma na Jean Patou, Jean Paul Gaultier (1952) explodiu na cena *fashion* parisiense em 1976. Sempre vestido de camiseta listrada e kilt escocês, ele começou a virar notícia por causa das criações maliciosas e andróginas.

O vestido-espartilho que se tornou sinônimo de seu nome foi lançado por volta de 1993 com seios cônicos pontudos, de veludo, quase grotescos de tão grandes (a peça, hoje rara, é um dos maiores tesouros para os colecionadores). As coleções, mesmo quando pareciam conservadoras, sempre tiveram uma conotação erótica subentendida. Women Against Women, no outono/inverno de 1989-90, incluiu vestimentas metálicas com aberturas para os seios, barriga de fora e longas mangas góticas, tudo com zíperes e usado sobre bodies de trama de rede. Também são modelos cobiçados, principalmente por museus. Uma saia longa e justa com corpete de tiras que deixava os seios à mostra (do outono/inverno de 1991-92) foi usada por Madonna em uma retrospectiva de Gaultier em 1992.

As variadas referências do estilista vão das ruas à história, passando por fontes "étnicas" – do cancã francês (outono/inverno de 1991-92), passando por um tributo a Joana d'Arc no qual hippies rastafáris se encontravam com o século XVIII (primavera/verão de 1994), por coloridas tatuagens e estampas (primavera/verão de 1996) até bolas de boliche (outono/inverno de 1996-97). The Long Journey (outono/inverno de 1994-95) inspirou-se na China, no Tibete e na Mongólia. Na primavera/verão de 1998, fez menção a Frida Kahlo e à cultura latino-americana.

Os belos modelos artesanais de alta-costura (lançados no outono/inverno de 1996-97), com etiqueta "Gaultier Paris", demonstram o talento do estilista em criar luxuosos trajes para a noite livres das impetuosidades e brincadeiras. Roupas que datam de 1981 a 1994 são identificadas com selos "Gibo"; "Aeffe" marcam as vestimentas de 1995 a 2012, ano em que ele retomou a produção *prêt-à-porter* da Gibo. As marcas Gaultier (substituída, em 1994, pela unissex JPG by Gaultier) e Junior Gaultier surgiram, respectivamente, em 1992 e 1998.

A paixão de Kate Moss (1974) pelo vintage foi bem documentada e transcende as décadas. Certa vez, usou um vestido marfim de cetim enviesado da década de 1930 (confundido com Dior, na época); quando a saia rasgou, amarrou-a no quadril e, com muito desembaraço, transformou o modelo em míni. Outras peças vintage memoráveis são um *cocktail dress* de chiffon drapeado amarelo-claro, feito por Jean Dessès no começo da década de 1950 (mais tarde copiado na linha assinada por Moss para a Topshop, em 2007), um vestido cigana azul dos anos 1970, de Thea Porter, com botas azuis de camurça (usado na véspera do casamento com Jamie Hince) e um vestido toga da coleção Nostalgia of Mud (Buffalo Girls), de Vivienne Westwood. Moss declarou que seu sapato preferido é um par de salto agulha já bem gasto da SEX, de Westwood e McLaren, feito por volta de 1976 — estiloso e alternativo como a própria modelo.

Ícone de estilo

KATE MOSS

“Quando eu era jovem, não podia comprar roupas de grife e, por isso, frequentava brechós. Naquela época, isso não era chamado de vintage; era chamado de segunda mão.” *Kate Moss, em entrevista ao* Women’s Wear Daily

O que Kate usa?

** Vestido de miçangas da década de 1920 * Tubinho de cetim da década de 1930 * Paletó preto de pele de macaco, da década de 1940 * Chapéu de abas largas, inspirado na década de 1970 * Jeans skinny * Sapatilhas ** Cocktail dress *de chiffon feito por Jean Dessès na década de 1950*

Página ao lado, Moss com chapéu Philip Treacy, 1992. Par de sapatos de salto agulha SEX, de Westwood e McLaren, c. 1976: a palmilha traz a inscrição "Especially for SEX, 430 Kings Road, Chelsea, Made in England". (N)

Acima e direita, vestido de musselina Thea Porter, feito no começo da década de 1970. (H) Túnica bordada de miçangas do início da década de 1920 em uma estreia de cinema, 1997.

ALEXANDER McQUEEN

Alexander McQueen (1969-2010) foi, sem dúvida, o maior estilista do começo do século XXI. Nascido e criado em Londres, deixou a escola aos 16 anos com aptidão para as artes. Depois de dois anos de estágio na alfaiataria Anderson & Sheppard (onde consta que tenha bordado frases profanas dentro do forro de ternos feitos para o príncipe de Gales), mudou-se em 1988 para a Gieves & Hawkes, casa em que aprendeu a confeccionar roupas militares. Desenvolveu a habilidade do corte na Savile Row e aprendeu a modelagem de vestimentas históricas no Angels, renomado fabricante de figurinos.

Após um período com Kohji Tatsuno, estilista japonês de vanguarda, McQueen trabalhou ao lado de Romeo Gigli, em Milão, e aprendeu o funcionamento de uma grife comercial. No retorno à Inglaterra, tentou ensinar modelagem na Central Saint Martins. A professora ficou tão impressionada com o portfólio do estilista que ofereceu a ele uma vaga para estudar no renomado curso de moda da instituição.

Em 1992, o desfile de formatura Jack the Ripper Stalks his Victim causou alvoroço – a editora Isabella Blow comprou todas as peças. Em sua própria grife, ele cortava os moldes e confeccionava tudo com apenas um par de ajudantes, pois não havia técnica que não dominasse. Ao trabalhar em uma coleção, não apenas desenhava os croquis como criava os modelos com os tecidos direto no manequim. Sua capacidade excepcional, o design criativo e o conhecimento da modelagem o diferenciavam de todos os outros.

Bumsters

Introduzidas em 1993 e repetidas em várias coleções, as calças *bumster* tornaram-se emblemáticas, com a cintura bem baixa que revelava o início das nádegas e alongava o torso. McQueen disse: "Para mim, essa parte do corpo – não tanto o bumbum, mas o final da coluna – é a região mais erótica dos homens e das mulheres". Esse modelo provocativo causou polêmica – e ainda havia mais por vir.

O dramático e poderoso desfile Highland Rape (outono/inverno de 1995-96) foi chocante em uma época em que o minimalismo ditava a moda. Respingadas de sangue, modelos seminuas apareceram em tartãs escarlate e vestidos de renda rasgados. Com referências a seus antepassados da ilha de Skye e ao "estupro da Escócia pela Inglaterra", a coleção realçou o fascínio de McQueen por história e por genealogia, temas desenvolvidos por ele durante toda a carreira.

Abaixo, esquerda, paletó da coleção The Birds, primavera/verão de 1995: gabardine cor de laranja com andorinhas estampadas em preto, lapelas pontudas, ombreiras e acabamento emborrachado. McQueen tinha muito interesse por ornitologia. (N)

Abaixo, vestido de crepe preto e renda de oncinha de Alexander McQueen para a Givenchy, outono/inverno de 1997-98, com etiqueta alta-costura. As peças mais comportadas e femininas para a grife valem menos que as criações de vanguarda. (L) *Direita*, Coleção The Overlook, outono/inverno de 1999-2000.

MARTIN MARGIELA

Um recluso que se nega a ser entrevistado ou fotografado, o belga Martin Margiela (1957) lançou sua própria marca em 1988. Chamado de "desconstrutivista", ele reconstitui roupas antigas de forma meticulosa, de maneiras novas e inusitadas. É um estilista "antimoda", mas de muito sucesso, que nunca fez anúncios e prefere mostrar suas coleções de vez em quando, em geral em lugares inusitados.

A etiqueta "défilé" é um pedaço de tecido branco atado por quatro pontos grosseiros no exterior das vestimentas. A maioria dos modelos está enquadrada em uma série de números que vai do zero ao 23, circulados no rótulo: 0 representa roupas unissex artesanais, feitas à mão em pequena quantidade (foto p. 197); 1 é a principal linha feminina; 4, peças básicas para mulheres; 6, coleção esportiva, de preço acessível; 8, óculos; 10, masculino; 11, acessórios unissex; 12, bijuterias; 13, objetos e publicações; 22, sapatos.

Para o desfile inaugural, na primavera/verão de 1989, modelos usaram as botas Tabi (hoje um emblema da grife), inspiradas no Japão, e pisaram em tinta vermelha antes de entrar na passarela forrada de morim branco para deixar pegadas no trajeto – o tecido foi mais tarde usado para fazer coletes, no outono/inverno de 1989-90. Com base na linha de ombro em voga na alfaiataria inglesa com ombreiras repuxadas em direção ao pescoço, havia paletós do avesso e coletes compridos, até os tornozelos, usados sobre camisas longas de algodão. Alguns casacos se coordenavam com calças feitas de tecido para forro com cordões na cintura – dessa maneira, Margiela garantia que cada peça seria vestida do modo como ele imaginara –, e saias longas derivavam de calças cortadas e recosturadas.

Reutilize e recicle

Margiela é famoso por reciclar materiais do dia a dia e transformá-los em roupas de beleza excepcional, como o corpete feito de luvas de couro vintage – "avançar olhando para trás é uma ótima sensação", disse ele. Para essas peças, também fez etiquetas que identificam a proveniência (por exemplo, "Camisa Masculina, 1970") e gigantescas réplicas do figurino dos bonecos Barbie, Ken e G.I. Joe para o outono/inverno de 1994-95 e a primavera/verão de 1999. A partir de dois vestidos vintage, podia copiar metade de cada um para produzir um novo *look* "desconstruído". Na primavera/verão de 1991, abriu vestidos de baile de tule em camadas, da década de 1950, e os transformou em túnicas usadas sobre jeans velhos e camisetas regata. Na primavera/verão de 1997, a inspiração foram os manequins de alfaiate, com túnicas de morim de gola alta estampadas em estêncil com números de patente.

Margiela manipula proporções, com enormes braceletes de sinete, suéteres e jaquetas que agigantam a figura. Transforma itens cotidianos – como clipes ou protetores de plástico para ternos – em alta-moda e muitas vezes reintroduziu *looks* e linhas como réplicas em coleções posteriores. A Maison Margiela anunciou seu propósito como "partir de uma forma existente e retrabalhá-la". Esse tipo de declaração sempre é feito usando a primeira pessoa do plural ("nós", em lugar de "eu"), o que sugere uma criação coletiva. A grife foi comprada pela Diesel em 2002, e, em 2009, Margiela deixou a empresa. A marca não nomeou nenhum outro estilista principal.

Apenas as peças produzidas entre 1989 e cerca de 2008 – quando Margiela era o motor da marca – são muito procuradas. A mística, a numeração das etiquetas e a variedade fazem com que a grife seja uma área fascinante do colecionismo, que só valorizará com o passar do tempo.

Abaixo, esquerda, botas Tabi, de couro caramelo-claro, c. 1990: com zíperes nas laterais e bico dividido. (D)

Abaixo, corpete e saia estampados de jérsei de seda com paetês, primavera/verão de 1996, etiqueta sem identificação. (F)

Abaixo, esquerda para a direita, corpete feito de zíperes azuis, marrons e em tons de vinho, c. 2000. (J) Corpete que imita um manequim de alfaiate, Martin Margiela Semi Couture, 1996: tecido bege com inscrição "Semi Couture, Paris, Brevete". (L)

Direita, etiqueta artesanal unissex de Martin Margiela.

Longe das tendências predominantes havia diversos estilistas inconformados que consideravam seu trabalho uma forma de arte e muitas vezes apresentavam os desfiles em cenários de arte moderna – os belgas Martin Margiela, Dries van Noten e Ann Demeulemeester, os japoneses Yohji Yamamoto, Issey Miyake, Rei Kawakubo e Junya Watanabe, os holandeses da Viktor & Rolf e o cipriota radicado na Inglaterra, Hussein Chalayan.

Tido como um dos maiores estilistas do século XX, Yohji Yamamoto trabalhou de forma independente após se graduar na faculdade, em 1969. Muito respeitado no Japão, adquiriu fama internacional em 1981, quando estreou em Paris ao mesmo tempo que Rei Kawakubo. Os vestidos do outono/inverno de 1991-92, com recortes de madeira sobre feltro preto, assemelhavam-se a esculturas. É esse enfoque novo e desafiador, livre de ideias preconcebidas, que faz dele um grande estilista.

Os modelos complexos, torcidos, amarrados e desconstruídos – pode ser difícil distinguir a frente do verso – produzidos por Yamamoto na década de 1990 são muito desejáveis. Os belos vestidos de cetim da primavera/verão de 1998, com alças torcidas e tiras enroladas no corpo, lembram as criações estilo deusa grega da década de 1930, sem cortes ou pences para obter uma forma sensual.

Outros grandes temas na obra de Yamamoto são o uso de tradicionais roupas de trabalho japonesas e da moda histórica europeia, incluindo vestidos com anquinhas e o paletó Visite, do século XIX. Apreciador de detalhes nas costas, disse: "O verso suporta a vestimenta, e, quando não é feito de modo adequado, a parte da frente não pode existir". Suas criações, quase esculturais na simplicidade, têm uma beleza minimalista, com a atenção dirigida à forma e à proporção. Considerado mestre do corte e da modelagem, aborda a moda de maneira cerebral e atrai muitos admiradores. Yamamoto é um dos nomes mais desejáveis e valiosos entre os estilistas japoneses.

Abaixo, vestido túnica marfim de tricô emaranhado, da Comme des Garçons, provavelmente do início da década de 1990: grande decote, gola irregular e base de tricô bordada com tiras de lã de algodão. (M)

Junya Watanabe trabalhou na Comme des Garçons depois de se formar, em 1984. Tido como sucessor de Rei Kawakubo, a fundadora da empresa, introduziu a própria etiqueta para a marca em 1992. Ao contrário da paleta monocromática usada por muitos estilistas japoneses, Watanabe adora cor e textura. No começo da década de 1990, usou PVC em cores ácidas, couro preto e brocados coloridos. A tradicional casimira masculina foi combinada a florais japoneses em roupas femininas com um toque de austeridade. A coleção de outono/inverno de 1998-99 misturou vestidos-camisa de algodão simples com saias armadas de sarja verde. Seu trabalho demonstra muita habilidade nas técnicas de corte e apreço por tecidos modernos e de alta tecnologia. É um dos mais desejáveis e inovadores estilistas japoneses "desconstrutivistas", ou conceituais, e suas criações emblemáticas estão entre as mais valorizadas e procuradas – assim como as de sua mentora, Rei Kawakubo.

Hyères (outono/inverno de 1993), o primeiro desfile de Viktor Horsting e Rolf Snoeren (ambos 1969), baseou-se na distorção, desconstrução e sobreposição, com grandes saias sino destruídas e rasgadas, calças e paletós assimétricos. A dupla estreou com a alta-costura em Paris na primavera/verão de 1998 com as modelos em pedestais, como estátuas, com peças no estilo origami, sobrepostas e drapeadas, golas aramadas em forma de asa ou bufantes, com rufos, e colunas pretas que envolviam o rosto. Atomic Bomb, alta-costura do outono/inverno de 1998-99,

MODA CONCEITUAL

"Os consumidores das minhas roupas levam a moda a sério. Elas sentem prazer em usar algo novo. É para eles que crio. Não estou interessado no convencional." *Junya Watanabe*

trouxe golas gigantescas como pompons e nuvens em forma de cogumelo, estampas de arlequim e roupas pretas com toques de cores vibrantes. Na primavera/verão de 1999, Blacklight exibiu smokings pretos com aplicações de fitas de seda branca e esqueletos ou com golas brancas de rufos descomunais, de onde a cabeça mal aparecia, saias de estilo flamenco e barras com babados em calças e mangas. Russian Doll, no outono/inverno de 1999-2000, foi um evento de arte performática em que uma modelo, disposta sobre uma plataforma giratória com um tubinho simples de gaze com arremates brutos, ia recebendo uma sucessão de vestimentas por cima – *cocktail dress* com aplicações de renda, laço e debruns de miçangas; vestido longo e brilhante de tela prateada com ombros largos; vestidos de lamê, brocado e pedrarias – até que apenas o topo da cabeça ficasse à mostra e o rosto, emoldurado pela última peça vestida. Apesar de importante, a grife Viktor & Rolf ainda não alcançou somas significativas em leilões.

Hussein Chalayan (1970) enterrou a coleção de formatura, The Tangent Flows (1993), no jardim de um amigo durante seis meses até retirar as roupas parcialmente decompostas para exibi-las na passarela. Todas as peças foram compradas pela Browns, London. Foi considerado visionário e descrito pela *Vogue* como "o vanguardista da moda". Com o uso inovador de materiais e tecnologia moderna e o enfoque arquitetônico, seu trabalho (com vestidos de LED ou uma saia de madeira que se transformava em mesa de centro), é às vezes visto como impraticável e anticomercial. As criações excêntricas e bonitas rendem notícia, mas as linhas limpas, estruturadas e geométricas da coleção *prêt-à-porter* são igualmente excepcionais. Modelos de vanguarda são cobiçados, mas raramente aparecem no mercado.

Esquerda, coleção primavera/verão de 2000 de Hussein Chalayan.

Esquerda, vestido de madeira de Yohji Yamamoto, outono/inverno de 1991-92: saia de feltro de lã preto com zíper e fivelas laterais para ajustes, sobreposta por painéis de madeira com dobradiças e ferrolhos; corpete separado com alças presas por ferrolhos e recorte em forma de meia-lua no quadril. (X)

Direita, conjunto de Junya Watanabe para a Comme des Garçons, 1996: interessante mistura de estampa tradicional japonesa e lã xadrez no padrão príncipe de Gales. (L)

20

A moda pode mudar, mas o estilo é eterno. No começo de um novo século, jovens e ávidos estilistas tomam a dianteira para substituir os grandes nomes do passado.

Ao olhar para mais de cem anos de tendências, vimos um pouco de tudo: dos espartilhos em forma de S e decotes voluptuosos ao busto chapado com um quê masculino; de saias longas e fluidas a minissaias e *hot pants*; de vestidos evasê colados ao corpo aos modelos feitos de plástico, madeira e papel ou que podem ser usados de cabeça para baixo ou do avesso... Para onde vamos agora?

O auge das grifes

Na segunda metade do século xx, a moda se voltou para o caro *prêt-à-porter* de grife, com as marcas reforçadas por anúncios e embalagens sofisticados. Cosméticos, perfumes e acessórios são as principais fontes de renda.

O status das grifes e o *prêt-à-porter* eclipsaram a alta-costura, que antigamente era a linha principal dessas empresas. Alguns produtos exibem orgulhosamente suas etiquetas "alta-costura" – mas não são. Como as elaboradas peças de marcas como Alexander McQueen podem custar milhares de libras esterlinas e um *tailleur* Chanel chega a valer o mesmo que um carro popular, a fronteira entre a alta-costura e o *prêt-à-porter* tornou-se difusa. O alto preço das roupas modernas faz com que as compras vintage sejam não apenas um investimento seguro, mas também quase uma barganha.

Colecionando a moda do século xxi

Estilistas e grifes contemporâneos que já alcançaram boas cifras em leilões – entre eles Nicolas Ghesquière, John Galliano, Rei Kawakubo, Junya Watanabe, Yohji Yamamoto, Issey Miyake e Azzedine Alaïa – devem continuar valorizados. Stella McCartney, Roland Mouret, peças recentes da Chanel, Tom Ford para a Gucci e a coleção feminina independente de Ford, de 2010, são especialmente populares entre usuários.

A morte precoce de Alexander McQueen fez com que o mundo perdesse um gênio, mas outros jovens talentos estão aparecendo. Vale ficar de olho em Gareth Pugh, Christopher Kane, Sara Burton para a McQueen, Mary Katrantzou, Raf Simons para a Dior, Haider Ackermann (uma vez apontado por Lagerfeld como um possível sucessor), Riccardo Tisci para a Givenchy, Phoebe Philo para a Chloé e Longchamp e Marc Jacobs para a Louis Vuitton.

Roupas clássicas e comedidas de bons estilistas, apesar de altamente usáveis, não devem se tornar objeto de colecionadores. Em lugar de *tailleurs* aprumados de quem quer que seja, o desejo se volta para a ousadia ou para os vestidos de noite românticos. Os compradores querem a moda excêntrica, de cair o queixo – seja para o tapete vermelho ou para uma exposição no museu.

Outra área que vem crescendo é a das bolsas de grife. Apesar de o mercado ser liderado pela Hermès, seguido de perto por Chanel e Gucci, é provável que novas marcas se valorizem. As mais procuradas são as clássicas Birkin, Kelly e Constance, da Hermès, e a 2.55 da Chanel, de couro preto. Da Gucci, faz sucesso um modelo de 1960 com alça curvada de bambu. Bolsas caras de grife modernas podem não parecer um bom investimento em curto prazo, mas são capazes de manter ou aumentar o valor no futuro.

Abaixo, casaco para a noite de Nicolas Ghesquière para a Balenciaga, 2005: quadril arredondado, faixa na cintura de elastano, punhos e barra decorados com paetês dourados. Ghesquière é um dos grandes talentos do século xxi. (Q)

Introdução

UM NOVO SÉCULO

"As roupas não querem dizer nada até que alguém dê vida a elas."
Marc Jacobs

Abaixo, casaco patchwork de couro de John Galliano para a alta-costura da Christian Dior, coleção Russian, outono/inverno de 2002-03: fundo de camurça bege com triângulos ao estilo de Bakst [criador de figurinos para o Ballets Russes] e detalhes de couro cor de vinho. (M)

Direita, coleção primavera/verão de 2013 de Mary Katrantzou: estampas criativas baseadas em padrões venezuelanos e cédulas.

Depois de oito temporadas de coleções independentes, McQueen foi trabalhar para a Givenchy, em Paris, em 1996. Comprometeu-se a lançar duas coleções de alta-costura e outras duas de *prêt-à-porter* a cada ano enquanto continuava a criar as peças para sua própria marca. O jovem de classe média do East End londrino tornou-se, então, o nome por trás da imaculada *maison* parisiense.

Durante esse período (1996-2001), McQueen ampliou sua formação ao trabalhar com modistas altamente qualificadas e os melhores tecidos, assimilando o acabamento da alta-costura. Mas a alfaiataria primorosa, os ombros pronunciados e a cintura acentuada permaneceram marcas registradas – muitas de suas roupas têm espartilho integrado para manter o corpo na postura correta. Com ombros largos e cinturinhas de vespa, a coleção The Horn of Plenty, no outono/inverno de 2009-10, foi particularmente influenciada pela moda da década de 1950.

Em 2001, o estilista vendeu 51% da Alexander McQueen para o grupo Gucci, que deu a ele o capital necessário para financiar desfiles e coleções cada vez mais criativos. Amor e beleza, claro-escuro, agressor e vítima, natureza, ornitologia, seus

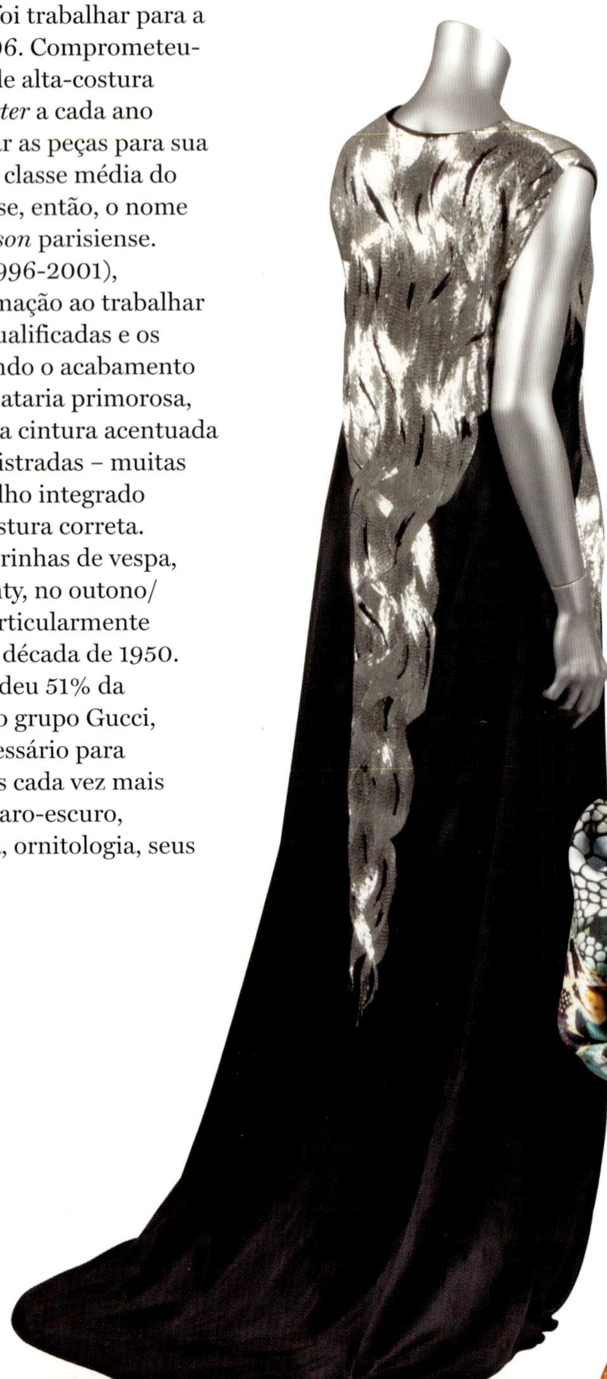

Abaixo, esquerda para a direita, vestido para a noite bordado de canutilhos In Memory of Elizabeth Howe, Salem 1692, coleção *prêt-à-porter* do outono/inverno de 2007-08. Elizabeth Howe foi uma antepassada de McQueen queimada como bruxa em Salém, no século XVII. (W) Vestido Plato's Atlantis de organza com estampa de cobra, da primavera/verão de 2010: fotocolagem estampada em cores brilhantes. Plato's Atlantis foi a última coleção completa de McQueen. (U)

O LEGADO DE McQUEEN

"Tudo o que faço é baseado na alfaiataria."
Alexander McQueen

Acima e direita, coleção *prêt-à-porter* do outono/ inverno de 2009-10, em que McQueen brincou com proporções e usou *pied-de-coq*, em uma paródia de Dior. Casacos, vestidos, meias, sapatos e luvas foram estampados com xadrez de tamanhos contrastantes. Paletó para a noite de damasco preto e dourado, 2006. (J)

"Trabalhar no ateliê (da Givenchy) foi fundamental para minha carreira... Como eu era alfaiate, não entendia completamente a maciez e a leveza. Entendi a leveza na Givenchy. Eu era um alfaiate da rua Savile Row. Na Givenchy, entendi a maciez. Para mim, foi um aprendizado." *Alexander McQueen*

Esquerda, vestido para a noite de tricô Aran, coleção The Horn of Plenty, outono/inverno de 2009-10, com "colares" e decote de pneus cobertos de tricô. (S)

Abaixo e direita, cocktail dress de organza com estampa arlequim, também da coleção The Horn of Plenty. Nessa peça, McQueen revela total domínio da modelagem. (V) Vestido vermelho e preto de penas de avestruz e lâminas de vidro de laboratório, coleção Voss, primavera/verão de 2001.

ancestrais, historicismo, tradições tribais e folclóricas foram temas mesclados na produção de desfiles e coleções de beleza e originalidade exorbitantes, mais parecidos com performances de arte que com eventos comerciais. Chapéus feitos em parceria com Philip Treacy e Dai Rees e as bijuterias com Shaun Leane, Erik Halley e Sarah Harmarnee completavam a dramática estética McQueen.

O interesse de McQueen, desde a infância, por natação e ornitologia deu origem a fontes de inspiração constantes para coleções como Voss, Irere e It's a Jungle Out There, em que chifres de cervo saíam dos ombros das roupas. Para Plato's Atlantis (primavera/verão de 2010), ele imaginou a Terra submersa com vida subaquática. Estampas digitais e tecidos tramados exibiam uma mistura caleidoscópica de escamas répteis e penas em cores vivas. Não apenas a estamparia era extraordinária, mas também o chiffon e a organza de cetim adamascada que serviam como base. Os vestidos foram criados com os tecidos drapeados e presos, coordenados com sapatos altíssimos imaginados como patas de tatu. O desfile foi transmitido pela internet para uma audiência global, e McQueen disse: "Não há volta agora. Vou guiá-los em jornadas que vocês nunca sonharam possíveis".

O estilista estava trabalhando em uma coleção solenemente batizada Angels & Demons (outono/inverno de 2010-11) quando se suicidou. Com 80% dos modelos prontos, foi finalizada por sua assistente e sucessora Sarah Burton (1974). Dezesseis peças mágicas concebidas sobre os temas do bem e do mal, do céu e do inferno, mostraram inspirações de pinturas flamengas, heráldica e obras de arte góticas. Tecidos feitos por encomenda incluíam jacquards de seda com os demônios de Hieronymus Bosch, brasões com bestas e anjos dourados. Sarah Burton descreveu o trabalho de McQueen na coleção da seguinte maneira: "Ele queria voltar ao artesanato, que amava, e ao que é perdido na produção da moda. Estava olhando para a Idade das Trevas, mas ali encontrou luz e beleza".

Com cabelo mesclado entre mechas louras e morenas, guarda-roupa elegante, acessórios e joias extravagantes, a honorável Daphne Guinness (1967) é um ícone do século XXI. Começou a colecionar moda com Alaïa, e sua primeira peça de alta-costura foi um *cocktail dress* de Lacroix com saia balonê. Guinness com frequência usa modelos vintage e respeita o trabalho e a habilidade dos estilistas, tanto os atuais quanto os do passado.

Deve ser a queridinha dos designers contemporâneos: enquanto os clientes de alta-costura demonstram ter gosto conservador, ela veste os itens mais ousados. Também não teme misturar tendências populares às sofisticadas ou combinar peças de décadas passadas – nenhum problema em usar um *cocktail dress* de paetês Chanel com um cinto de couro Alaïa, ou uma capa de penas de avestruz da década de 1930 sobre um moderno vestido Valentino de alta-costura com chapéu de Philip Treacy, ou produtos da loja popular Claire's Accessories. É essa habilidade de montar algo novo que a destaca. Seu armário é um glorioso acervo: Mainbocher, Schiaparelli, Madame Grès, Christian Dior e Balenciaga estão entre os estilistas preferidos.

Daphne gosta de preto e combina a cor com camisas brancas de gola alta e sapatos altíssimos anabela, de salto agulha ou plataforma. À noite, transforma-se em uma personagem de fantasia. Pode usar um vestido vintage de alta-costura da década de 1930, casaco Balenciaga dos anos 1950 ou uma fabulosa criação recente de Alexander McQueen. Acessórios e joias são escolhidos para causar impacto: chapéus de Philip Treacy, botas de Hogan McLaughlin, sapatos de Natacha Marro e Noritaka Tatehana e joias à moda de armaduras assinadas por Shaun Leane.

Esquerda, Guinness no funeral de Alexander McQueen. *Centro*, vestido para a noite de McQueen, 2004: corpete "vazado" e aplicações de "folhagens" sobre chiffon nude. (L) *Direita*, Guinness em 2010 com paletó desenhado por ela, vestido de McQueen e sapatos plataforma sem salto azuis, com glitter, de Massaro.

Ícone de estilo

DAPHNE GUINNESS

"Daphne é uma das – se não for a principal – mulheres mais elegantes do mundo. Seu estilo é único e muitas vezes excêntrico, mas a compreensão que ela tem de seu estilo, de seu corpo e, mais importante, de seu caráter e sua personalidade faz com que tudo o que ela veste pareça ter sido feito sob encomenda – e, é claro, muitas vezes foi mesmo." *Tom Ford , sobre Guinness*

O que Daphne usa?

** Sapatos altíssimos * Durante o dia, camisa branca desenhada por ela * Combinações gráficas em preto e branco * Vestidos vintage para a noite, de Balenciaga ou Dior, com joias exageradas*

Dicas básicas

Há três tipos de compradores de moda vintage: usuários, colecionadores (entre os quais particulares, historiadores e museus, que veem os itens como importante arte decorativa e nunca sonhariam em usá-los) e estilistas em busca de inspiração. As recomendações seguintes têm importância variada de acordo com o grupo:

Primeiro e mais importante: compre apenas o que ama

O mercado sobe e desce – se você realmente ama a peça, quando o preço aumenta é um bônus e, quando cai, você ainda é dono de algo que adora.

Para usar, confira o estado

Não compre nada que se desintegrará na primeira ocasião. Às vezes, os fios da costura estão podres, por causa da idade ou porque foram tratados com produtos ruins de lavagem a seco. Isso não é sério, pois elas podem ser refeitas – mas é constrangedor se o vestido começar, literalmente, a se abrir, como já aconteceu comigo. Mais problemáticos são cortes ou rasgos no tecido: o conserto é caro e nem sempre fica perfeito. Sedas eduardianas tendem a apodrecer em razão das lavagens que davam um toque mais macio ao material; tenha cuidado quando comprar algo do período. Vestidos pesados de miçangas da década de 1920 também podem dar trabalho: o peso pode rasgar o modelo se estiver pendurado em um cabide. Se quiser um vestido melindrosa para usar, melhor comprar uma peça *prêt-à-porter* com as contas aplicadas em um fundo resistente de musselina, e não na seda ou no chiffon. Inspecione a roupa contra a luz e procure buracos de traça. Isso também ajuda a revelar pequenos remendos que você pode não ter visto.

Procure algo que sirva

Se o traje demanda alterações drásticas, saiba que isso faz com que perca valor. Quando o tamanho é muito grande, mas você *precisa* comprá-lo, evite ao máximo cortar o tecido. Se for pequeno demais, não se engane dizendo que consegue emagrecer – isso raramente acontece.

Para investir, o bom estado também é crucial

Assim como alterações significativas, manchas nas axilas ou outras partes diminuem drasticamente o valor da peça. Vestidos caros costumavam ser transmitidos de uma geração para outra, e, por isso, a cintura era alargada ou apertada, e as barras subiam e desciam. Uma peça sem modificações é melhor, embora um pequeno acerto seja perdoável. Quando a tesoura entra em ação, porém, você provavelmente perde a maior parte do valor investido. Um exemplo: um vestido de baile de um mestre da modelagem, como Balenciaga, pode custar £ 3 mil (US$ 5 mil) quando perfeito e cerca de £ 300 (US$ 500) quando modificado. Alguns de meus clientes se espantam ao ver que passo mais tempo examinando o avesso que o exterior de um vestido!

Procure pelas etiquetas nas costuras da cintura, do corpete e da saia

De acordo com o estilista e o período, as etiquetas eram escondidas em vários lugares. Em vestidos semitransparentes, o selo de alta-costura era normalmente adicionado à anágua – procure nela também.

Abaixo, brincos de veludo preto Chanel, década de 1980. (B)

COLECIONANDO PEÇAS VINTAGE

ONDE COMPRAR

Abaixo, casaco bordado de lã preta Persian Prince, da alta--costura de Elsa Schiaparelli, outono/inverno de 1937-38, com etiqueta "Schiaparelli London". (O)

Mercados vintage

Reúnem diversos negociantes pequenos e são ótimos lugares de caça ao tesouro para quem procura barganhas ilusórias e não limita muito os modelos e o preço. Inglaterra, França e Estados Unidos têm prósperos mercados vintage com centenas de estandes. Em Londres, o mensal Frock Me!, no Chelsea Town Hall (na King's Road), é um dos mais conhecidos – outras feiras ocorrem no Hammersmith Town Hall (King Street) e na Goodwood House, em West Sussex. Brimfield, em Massachusetts, é um dos maiores mercados de pulgas dos Estados Unidos, com mais de 2 mil vendedores de antiguidades e uma forte seção de roupas vintage. Em Nova York, o Manhattan Vintage (West 18th Street) é realizado nos meses de outubro, fevereiro e abril. Evento bianual, o Salon du Vintage in Paris (Espace d'animation des Blancs Manteaux, 48 rue Vieille du Temple) atrai milhares de visitantes. Florença, na Itália, também sedia uma feira especializada em vintage, geralmente em janeiro.

Lojas vintage

São cada vez mais comuns no mundo todo e variam de pequenos comerciantes em cidades do interior a empresas famosas com celebridades e estrelas do cinema entre os clientes. Alguns exemplos:

Londres: Rellik (8 Golborne Road, Notting Hill), Virginia (98 Portland Road, Holland Park) e William Vintage (2 Marylebone Street)

Nova York: Rare Vintage (24 West 57th Street) e New York Vintage (117 West 25th Street)

Paris: Scarlett Vintage (3 rue Chambiges, 8 arr.) e Didier Ludot (26 Galerie Montpensier, 1 arr.)

São Paulo: À La Garçonne (Rua Oscar Freire, 2127 – www.alagarconne.com.br) e Trash Chic (Rua Capitão Prudente, 223 – www.trashchicvirtual.com.br.)

Ao visitar um desses endereços, você pode experimentar as peças e receber a atenção e os conselhos do vendedor. A loja pode providenciar alterações e oferecer planos diferentes de pagamento.

On-line

Esse é um enorme mercado global, do eBay aos comerciantes especializados em vintage. Quando comprar, exija informações detalhadas sobre o estado e as medidas das peças. Pague com cartão de crédito ou por meio do PayPal para garantir que tenha algum estorno caso a mercadoria não corresponda à descrição.

Leilões

Muitos leiloeiros garantem a autenticidade dos lotes, mas cheque as condições de venda. Participar de um leilão é uma maneira excitante de fazer compras e um excelente jeito de aumentar seu conhecimento, pois é possível pesquisar as coleções online ou pessoalmente, vendo o que vende ou não e quais peças atingem cifras astronômicas. O mercado muda toda hora: em um momento, Ossie Clark pode ser o queridinho da vez; na próxima venda, Pucci pode ter tomado seu lugar. *Quando* você compra, portanto, afeta *quanto* você paga. Grandes mostras em museus ou lançamentos de livros a respeito de um estilista também influenciam nos preços. É possível dar os lances em pessoa (uma ótima diversão), online, por telefone ou por escrito. Informações sobre a condição e o tamanho das peças são fornecidas previamente, e boas casas de leilão ajudam no frete. Reino Unido, Estados Unidos e França têm comerciantes especializados na área:

Reino Unido: Kerry Taylor Auctions (até sete leilões por ano), Christie's London (geralmente um evento por ano).

Estados Unidos: Augusta Auctions, Charles A. Whitaker Auction Company, Leslie Hindman Auctioneers.

França: Chombert Sternbach e Pénélope Blanckaert, experts baseados em Paris, trabalham com uma variedade de leiloeiros na produção de diversos e divertidos leilões de alta qualidade todos os anos.

Fraudes e falsificações do vintage

Nem tudo o que traz um selo de alta-costura é alta-costura. Veja se a etiqueta e o estilo em que foi feita correspondem à vestimenta em termos de construção e época. Um rótulo acrescentado à peça pode alterar seu valor de centenas de libras esterlinas para milhares ou mesmo dezenas de milhares – por isso, infelizmente, essa prática se alastrou nos últimos anos. Um exemplo: as roupas punk feitas pela Boy na década de 1980 a partir dos moldes originais de Westwood podem ter a etiqueta substituída por uma da Seditionaries, o que aumenta o valor drasticamente.

Roupas falsificadas modernas podem ter etiquetas ou rótulos verdadeiros acrescentados às adulterações. Nos últimos anos, grandes somas foram pagas tanto por alta-costura quanto para peças punk de Westwood e McLaren, e isso atraiu uma nova forma de contrafação. Os preços de camisetas Seditionaries caíram muito em função das falsificadas (que não foram produzidas originalmente nem pela Boy) que invadiram o mercado em uma escala quase industrial. São tentadoras para os falsários porque relativamente fáceis e baratas de fazer – os originais são simples estênceis ou serigrafias sobre jérsei de algodão.

Em Paris, existe uma preocupação com a falsificação de alta-costura porque ainda há muitos modistas talentosos capazes de recriar as roupas de décadas passadas. Há pouco tempo apareceu um vestido de cetim verde enviesado com a etiqueta Augustabernard: a modelagem estava correta, e o acabamento era manual, mas o tecido parecia novo. Escondida em uma costura lateral estava uma ourela com a inscrição 100% *soie* (100% seda) – algo que simplesmente não existia na década de 1930, quando o vestido supostamente teria sido feito. Desde então, apareceram numerosos exemplos de vestidos para a noite novíssimos, com belo acabamento à mão e qualidade digna da alta-costura, com etiquetas de importantes marcas francesas, como Vionnet, Louise Boulanger e Augustabernard – mas qualquer nome poderia ter sido usado. Esses modelos modernos, corretos da perspectiva histórica, provavelmente foram feitos a partir do molde tirado de um original em más condições. A antiga etiqueta foi, então, reaplicada no que parece ser um vintage em excelentes condições. Isso *não é* um trabalho muito ambicioso de restauração, mas cínicas tentativas de logro. Embora produzidos em Paris, as falsificações se infiltraram em mercados no mundo todo – não creia que comprar em outros países seja mais seguro.

Olhe para o tecido com muita atenção. É velho? Mostra sinais de ter sido realmente usado? A etiqueta parece tão desgastada quanto a peça ou muito mais antiga? Tem as mesmas manchas? Foi aplicada na posição correta? Veja um exemplo: se um vestido da década de 1920 tiver uma grande etiqueta de alta-costura (em lugar de uma do *prêt-à-porter* "Made in France", o que está correto) cosida no decote, desconfie. Selos de alta-costura são em geral aplicados na cintura, no corpete ou na saia – raramente no pescoço, onde seriam desconfortáveis ou incômodos.

Bolsas são outro gênero popular para as falsificações, sendo Chanel, Hermès e Louis Vuitton as vítimas preferidas. Parte da estratégia de marketing da Hermès é obrigar os clientes a entrar numa fila de espera para comprar o modelo Birkin, símbolo de status – por isso, as fábricas chinesas alegremente atendem à demanda por uma fração do preço real. Podem parecer convincentes à primeira vista, mas o exame dos detalhes que deveriam ser artesanais logo revela a fraude. Muitos leiloeiros garantem a mercadoria, mas, ao comprar de um revendedor ou online, peça para ver o recibo de venda original. A Chanel tentou proteger seus produtos com hologramas, cartões e números de identificação, mas até isso é adulterado hoje em dia.

Se a bolsa, por fim, é feita da pele de algum animal em extinção, como o crocodilo, exija a licença ambiental correspondente. Depois de 1976, as mercadorias produzidas com couros exóticos devem provar que não tiraram o animal de seu habitat com uma autorização da CITES [Convention on International Trade in Endangered Species of Wild Fauna and Flora].

Abaixo, falsificação moderna de uma bolsa Birkin, da Hermès. A gravação (em relevo) na tira do fecho é muito pronunciada, e a costura não é primorosa – tirando isso, é um exemplar *fake* convincente e de boa qualidade. Boas falsificações da Kelly, da Birkin e da 2.55 da Chanel são feitas na China e exportadas para o mundo todo.

FALSIFICAÇÕES

Direita, rara camiseta SEX, do início da carreira de Westwood e McLaren. Fique atento, porém, já que esses modelos são fáceis de imitar e cópias têm invadido o mercado desde a década de 1980. (L)

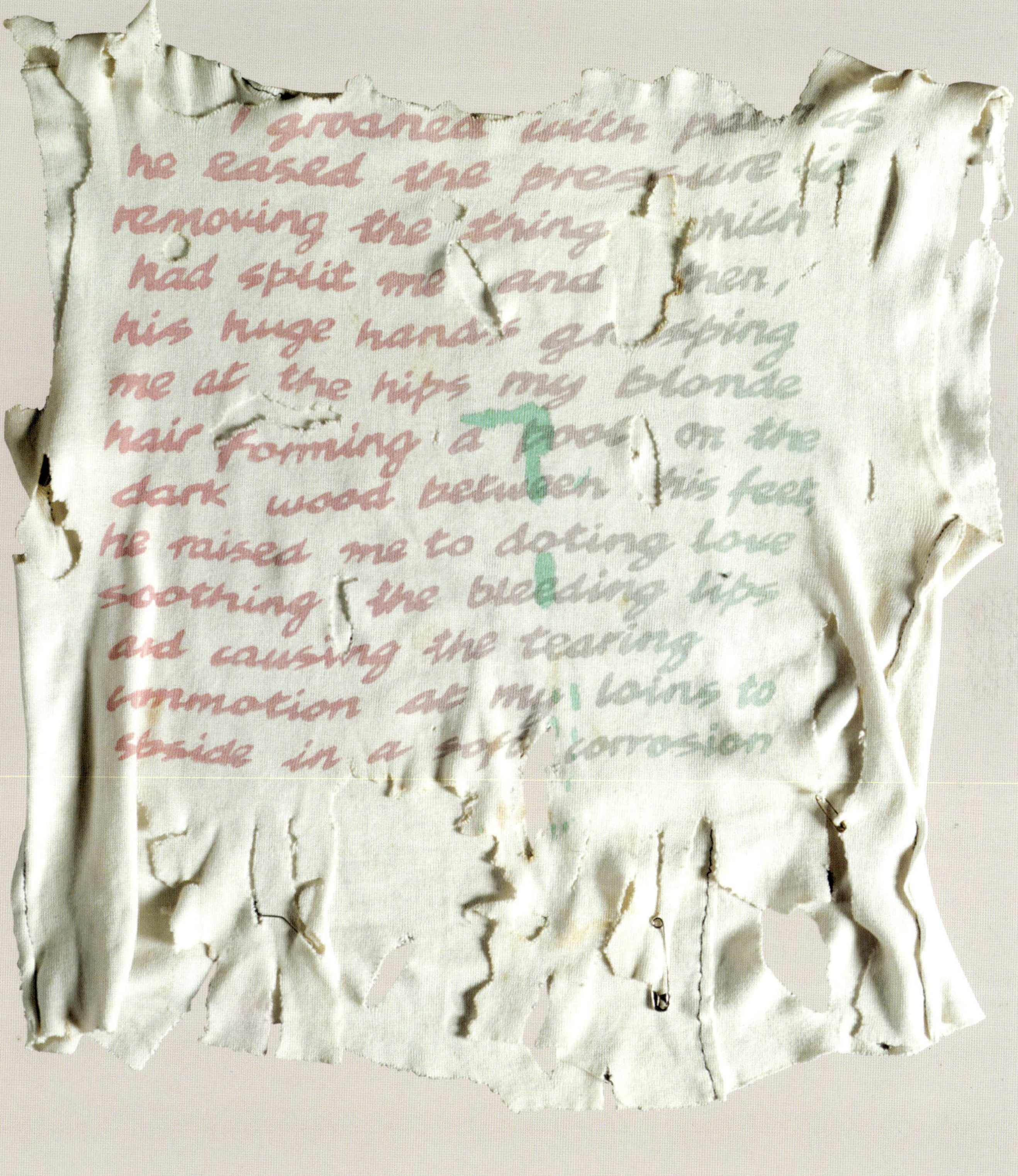

Nunca use cabides de metal

São responsáveis por estragar tantas roupas bonitas! O arame fino corta os ombros quando a peça permanece no cabide muito tempo. Use produtos acolchoados ou de madeira, que dão maior suporte.

Não pendure roupas pesadas ou com miçangas

Guarde peças de alta-costura ou com decoração pesada na posição aberta, forradas com papel sem ácido. Ao dobrar, faça rolinhos com o papel para evitar dobras apertadas.

Mantenha as roupas sem contato com a luz direta

Ou inevitavelmente vão desbotar. É muito comum ver terríveis marcas descoloridas ao longo das dobras e mangas de vestimentas roxas ou azuis que foram parcialmente expostas à luz.

Escolha a lavanderia com cuidado

As mais caras não são necessariamente as melhores; confie em recomendações. Pergunte a uma companhia de teatro ou museu onde eles mandam lavar a seco peças de alta-costura ou ricamente bordadas. Algumas manchas, como as de transpiração nas axilas, simplesmente não saem – e você pode perder dinheiro insistindo na limpeza. Pergunte ao dono da lavanderia se ele acredita que pode haver melhora na condição da roupa antes de autorizar o serviço.

Use com cuidado

Tente não enroscar o salto do sapato na barra. Por mais que o conselho pareça óbvio, esse é o tipo de dano mais comum em vestidos (seguido por rasgos debaixo dos braços).

Não guarde peles em embalagens de plástico

Isso cria mofo e possivelmente causa ressecamento.

A maioria das roupas vintage não tem instruções de cuidados

Se decidir lavar uma peça à mão, teste primeiro em uma pequena parte, com cuidado, para ver se a tinta solta ou se o tecido encolhe. Nunca lave nada com paetês (em geral feitos com gelatina, na década de 1930, e portanto solúveis em água) – peça para a lavanderia fazer um teste antes de limpar a

CUIDANDO DA COLEÇÃO

seco. Apenas os profissionais mais experientes serão capazes de lidar com a roupa.

Um último aviso

Não fique perto do fogo ou de luzes fotográficas quando usar vestimentas paetizadas das décadas de 1920 e 1930, ou elas vão derreter!

Sobre traças

São as maiores ameaças para os colecionadores de roupas vintage. Elas amam ambientes escuros e úmidos, onde se reproduzem e se alimentam de tecidos inestimáveis. Eis algumas dicas para ajudar a preservar as preciosas peças:

- Sempre verifique as peças para ver se estão infestadas.
- Nunca guarde roupa suja. As traças adoram transpiração – olhe as axilas e confira se existem insetos.
- Compre armadilhas para traças (pequenas "tendas" de papelão com cápsula de feromônio e cobertura adesiva). Não matarão todos os insetos, mas servem como alerta para pontos de infestação e permitem que você tome providências. Quando descobrir o problema, é preciso cuidar das roupas imediatamente – coloque, quando possível, em uma proteção de plástico e leve ao freezer por pelo menos uma semana. A lavagem a seco também mata as traças.
- Com infestações mais sérias, use uma combinação de fumigação e calor.
- Traças odeiam luz e movimento; portanto, inspecione os armários e gavetas com regularidade e tire as peças para arejar.

Como precaução, guarde tudo o que for de lã ou seda pesada em embalagens plásticas próprias. Além da lã (e eles adoram tinturas naturais), os insetos são atraídos por qualquer coisa com pele ou penas. Cheque as peças desses materiais e mantenha em protetores fechados por zíper. Assim, se houver um ataque, as traças não se espalham rapidamente para o restante de seu armário.

- Bolas de sândalo, lavanda e outros produtos têm perfume agradável, mas são inócuas.

Na guerra contra as traças, exerça vigilância, ataque ao menor sinal de insetos e fique sempre de olho!

BIBLIOGRAFIA

Alwyn W. Turner, *The Biba experience* (Antique Collectors' Club)

Amalia Descalzo, Pierre Arizzoli-Clémentel e Miren Arzalluz, *Balenciaga* (Getaria: Cristóbal Balenciaga Museo, 2011)

Andrew Bolton, *Alexander McQueen: Savage beauty* (Nova York: The Metropolitan Museum of Art, 2011)

Anna Wintour, *The South Bank show* (1997) [citada na p. 172]

Anne Sebba, *That woman: The life of Wallis Simpson, Duchess of Windsor* (Londres: Phoenix, 2012) [Wallis Simpson citada na p. 50]

Balenciaga, em entrevista a Prudence Glynn, "Interview with Cristóbal Balenciaga", *The Times*, agosto de 1971 [p. 6/ citado na p. 85]

Belle Whitney, *Damerini* [p. 90/ citada na p. 21]

Bettina Ballard, *In my fashion* (Filadélfia: David McKay Publications, 1960) [p. 231/ citada na p. 70]

Betty Kirke, *Madeleine Vionnet* (Londres: Chronicle Books, 1998) [p. 14/ Vionnet citada na p. 52]

Bianca Jagger em entrevista a Francisco Costa, *Harper's Bazaar* (outubro de 2011) [citada na p. 146]

Brenda Polan e Roger Tredre, *The great fashion designers* (Londres: Berg, 2009) [Issey Miyake citado na p. 52]

C. Willet-Cunnington, *English women's clothing in the present century* (Londres: Faber and Faber, 1952), [p. 216/ revista desconhecida citada na p. 44; p. 239/ *Vogue* citada na p. 42]

Caroline Reynolds Millbank, *New York Fashion: The evolution of American style* (Nova York: Harry N. Abrams, 1989) [p. 146/ Adrian citado na p. 66]

Catherine Join-Dieterle, *Givenchy: 40 years of creation*, catálogo da exposição (Paris: Paris-Musées, 1991) [Givenchy citado na p. 117]

Celia Birtwell, *Celia Birtwell* (Londres: Quadrille, 2011)

Christian Dior, traduzido por Antonia Fraser, *Dior by Dior: The autobiography of Christian Dior* (Londres: V&A Publications, 2007) [p. 21/ citado na p. 70]

Claire Wilcox (editora), *The golden age of couture: Paris and London 1947-57* (Londres: V&A Publications, 2007) [p. 42/ Carmel Snow citada na p. 70. Dior citado na p. 76]

Claire Wilcox, *Vivienne Westwood* (Londres: V&A Publications, 2004)

Claude Deloffre (editor), *Thierry Mugler: Fashion, fetish, fantasy* (Santa Monica: General Publishing Group, 1998)

Colin McDowell, *Galliano* (Londres: Orion, 1998)

Colin McDowell, *Jean Paul Gaultier* (Nova York: Viking Studio, 2001)

Danièle Bott, *Thierry Mugler: Galaxy glamour* (Londres: Thames and Hudson, 2010) [p. 136 e p. 160/ Mugler citado na p. 165]

Deirdre McSharry, *Daily Express*, 23 de fevereiro de 1966 [citada na p. 108]

Diana Vreeland, *D.V.* (Nova York: Ecco Press, 2011) [p. 139/ citada na p. 84]

Dilys E. Blum, *Shocking! The art and fashion of Elsa Schiaparelli* (Filadélfia: The Philadelphia Museum of Art, 2003)

Elizabeth Ann Coleman, *The opulent era: Fashions of Worth, Doucet and Pingat* (Nova York: The Brooklyn Museum, 1989)

Elsa Schiaparelli, *Shocking life: The autobiography of Elsa Schiaparelli* (Londres: V&A Publications, 2007) [p. 46/ citada na p. 46; p. 107/ citada na p. 63]

Ernest Hemingway, *Fiesta: The sun also rises* (Londres: Arrow, 1926) [citado na p. 36] [No Brasil, foi publicado sob o título *O sol também se levanta*, Rio de Janeiro, Bertrand Brasil, 2001]

Eugenia Shepherd, *The New York Times* (1971) [citada na p. 135]

Françoise Giroud, *Dior* (Londres: Thames and Hudson, 1987)

Georgina Howell (editora), *In Vogue: Six decades of fashion*, (Nova York: Viking, 1975)

Ginette Spanier, *It isn't all mink* (Londres: Collins, 1959) [p. 179/ citado na p. 81]

Groninger Museum, *Alaïa: Azzedine Alaïa in the 21st century* (Groningen: Groninger Museum, 2012) [Alaïa citado na p. 171]

Guillermo de Osma, *Mariano Fortuny: His life and work* (Londres: Arum Press, 1980)

Harold Koda e Andrew Bolton, *Chanel* (Nova York: The Metropolitan Museum of Art, 2005) [Coco Chanel citada na p. 37]

Harold Koda e Andrew Bolton, *Poiret* (Nova York: The Metropolitan Museum of Art, 2007)

Harold Koda e Andrew Bolton, *Schiaparelli and Prada: Impossible conversations* (Nova York: The Metropolitan Museum of Art, 2012) [Schiaparelli citada na p. 46]

Iain R. Webb, *Bill Gibb: Fashion and fantasy* (Londres: V&A Publications, 2008)

Iain R. Webb, *Foale and Tuffin: The sixties a decade in fashion* (ACC Editions, 2009)

Jane Mulvagh, *Vivienne Westwood: An unfashionable life* (Londres: Harper Collins, 1999)

Joanna Lumley, em entrevista à autora [citada na p. 144]

Judith Watt, *Ossie Clark, 1965-74* (Londres: V&A Publications)

Junya Watanabe, em entrevista a Susannah Frankel na *Dazed & Confused*, janeiro de 2003 [citado na p. 198]

Kate Moss, em entrevista a Brid Costello, "Kate Moss on vintage, perfume, style and life", *Women's Wear Daily* (13 de novembro de 2009) [citada na p. 192]

Lady Duff Gordon, *Discretions & indiscretions* (Londres: Frederick A. Stokes, 1932) [citada na p. 19]

Laura Jacobs, "Grace Kelly's forever look", *Vanity Fair*, maio de 2010 [Laura Clark citada na p. 86]

Marc Bohan, em conversa com a autora [citado na p. 50]

Marie-Andrée Jouve e Jacqueline Demornex, *Balenciaga* (Nova York: 1989) [p. 96/ Coco Chanel citada na p. 83]

Marie-Paule Pellé e Patrick Mauriès, *Valentino's magic*, edição revista (Nova York: Abbeville Press, 1998)

Mark Wilson, *Alaïa: Azzedine Alaïa in the 21st century* (Groningen: Groninger Museum, Bai Publishers, 1997)

Martin Margiela, entrevista com Suzy Menkes em *The New York Times*, 6 de setembro de 1994 [citado na p. 196]

Mary Quant, *Quant by Quant: The autobiography of Mary Quant* (Londres: V&A Publications, 2012)

Pamela Clarke Keogh, *Audrey Style* (Londres: Arum Press, 2009) [Edith Head citada na p. 118]

Pamela Golbin (editora), *Madeleine Vionnet* (Nova York: Rizzoli) [Vionnet citada na p. 52]

Paul Gorman, *The look: Adventures in rock & pop fashion* (Londres: Adelita, 2006)

Paul Poiret, *My first fifty years* (Londres: Victor Gollanz, 1931) [p. 36/ citado na p. 17]

Paul Poiret, traduzido por Stephen Haden Guest, *King of fashion: The autobiography of Paul Poiret* (Londres: V&A Publications, 2009)

Peggy Moffitt e William Claxton, *The Rudi Gernreich Book* (Nova York: Rizzoli, 1991)

Pierre Balmain, *My years and seasons* (Londres: Cassell, 1964) [p. 177/ citado na p. 80]

Richard Buckle (editor), *Self-portrait with friends: The selected diaries of Cecil Beaton, 1926-1974* (Londres: Weidenfeld & Nicolson) [p. 151/ citado na p. 61]

Rudi Gernreich, *Vogue* (EUA, 1965) [citado na p. 121]

Rudi Gernreich, *Women's Wear Daily* (1962) [citado na p. 121]

Stevie Stewart, em entrevista à autora [citado na p. 163]

Tim Blanks, "The transformer", *Vogue* (dezembro de 2006) [citado na p. 199]

Valerie D. Mendes e Amy de la Haye, *Lucile Ltd: London, Paris, New York and Chicago 1890s-1930s* (Londres: V&A Publications, 2009)

Vogue [EUA], 1926 [citada na p. 38]

Vogue [EUA], 1º de setembro de 1940 [citada na p. 65]

Yohji Yamamoto, "The past, the feminine, the vain", em *Talking to myself* (Göttingen: Steidl/ Edition 7L, 2002)

ÍNDICE

Páginas em **negrito** indicam a entrada principal; em *itálico*, referem-se às ilustrações.

AGRADECIMENTOS

Meu primeiro e mais importante agradecimento vai para meu marido, Paul, por seu incentivo e paciência enquanto eu lutava para escrever este livro. Agradeço também a Kate Osborn (meu braço-direito), Lucy Bishop, que ajudou a tirar várias das belas fotografias, e Anoushka der Sarkissian, que colaborou com a checagem.

Hugh Devlin e Sarah Polden têm sido amigos e alicerces robustos; sou grata por sua bondade, ajuda e conselhos. Murray Blewett, Steven Philip, Hubert de Givenchy, Sally Tuffin, Zandra Rhodes, Stevie Stewart e Christopher Kane compartilharam seu conhecimento, opiniões e memórias.

Minha amiga e também leiloeira Leslie Hindman forneceu as soberbas imagens da alta-costura americana. Jorge Yarur Bascunan permitiu que eu mergulhasse em sua coleção fabulosa para encontrar algumas peças, e Harold Koda me deu acesso ao arquivo do Metropolitan Museum – sem o qual este livro ficaria incompleto.

Todas as fotos pertencem ao acervo da Kerry Taylor Auctions, com exceção das listadas abaixo. A Octopus Publishing gostaria de reconhecer e agradecer às seguintes instituições por ceder imagens adicionais:

2 Condé Nast Archive/Corbis; 6 Gamma--Rapho via Getty Images; 7 David Yeo/Camera Press; 8 desconhecido; 9 Condé Nast Archive/Corbis; 13 Leonard de Selva/Corbis; 15 Hulton-Deutsch Collection/Corbis; 16 Hulton Archive/Getty Images; 19 © V&A Images. Todos os direitos reservados; 22 John Hammond/National Trust Photographic Library/Bridgeman Art Library © the Estate of William Logsdail; 27 Mary Evans Picture Library; 30 Gamma-Keystone via Getty Images; 33 Condé Nast Archive/Corbis; 34 Christie's Images/Bridgeman Art Library; 35 Condé Nast Archive/Corbis; 36 Hulton--Deutsch Collection/Corbis; 39 Condé Nast Archive/Corbis; 43 Time & Life Pictures/Getty Images; 45 Condé Nast Archive/Corbis; 47 Hulton-Deutsch Collection/Corbis; 49 esquerda e direita Philadelphia Museum of Art, Pennsylvania, doação de mme. Elsa Schiaparelli, 1969/Bridgeman Art Library © ADAGP, Paris e DACS, Londres 2013; 50 esquerda Sotheby's Picture Library; 50 direita The Metropolitan Museum of Art, doação da duquesa de Windsor, 1950 (C.I.50.110a-j). Image © The Metropolitan Museum of Art; 51 Corbis Bettmann/Corbis; 53 Condé Nast Archive/Corbis; 58 TopFoto; 59 The National Magazine Company/Mary Evans Picture Library; 60 SNAP/Rex Features; 62 Popperfoto/Getty Images; 67 Bettmann/Corbis; 68 Everett Collection/Rex Features; 69 direita The National Magazine Company/Mary Evans Picture Library; 71 abaixo, à esquerda Rex Features; 73 Rex Features/Sipa Press; 77 Gamma-Rapho via Getty Images; 78 Condé Nast Archive/Corbis; 79 direita, 81 The National Magazine Company/Mary Evans Picture Library; 82, 84 abaixo Condé Nast Archive/Corbis; 86 acima Everett Collection/Rex Features; 87 Paramount/colorizado por Jane Laurie/Kobal Collection; 89 Gamma--Rapho via Getty Images; 92 direita Leslie Hindman Auctioneers; 93 Archive Photos/Getty Images; 94 abaixo, à direita Leslie Hindman Auctioneers; 95 esquerda e centro Leslie Hindman Auctioneers; 99 Hulton Archive/Getty Images; 100 Condé Nast Archive/Corbis; 101 The National Magazine Company/Mary Evans Picture Library; 102 PA Archive/Press Association Images; 105 Condé Nast Archive/Corbis; 107 abaixo, à direita John Drysdale/Camera Press; 108 Museo de la Moda Santiago; 109 Gosta Peterson; 113 acima Hulton Archive/Getty Images; 114 AP/Press Association Images; 119 Paramount/Kobal Collection; 120 Time & Life Pictures/Getty Images; 121 e 122 Leslie Hindman Auctioneers; 123 TopFoto; 125 direita Moviestore Collection Ltd/Alamy; 128 Gunnar Larsen/Rex Features; 128-9 Ilpo Musto/Rex Features; 131 Ron Galella/WireImage /Getty Images; 133 David Montgomery/Hulton Archive/Getty Images; 134 Norman Parkinson/Corbis; 138 Chris Barham/Associated Newspapers/Rex Features; 141 Victor Watts/Rex Features; 142 direita The Granger Collection/TopFoto; 145 direita Condé Nast Archive/Corbis; 147 Sipa Press/Rex Features; 150 Condé Nast Archive/Corbis; 157 Pierre Guillaud/AFP/Getty Images; 158 Nordfoto/Camera Press; 161 Iain McKelly/Photoshot/Getty Images; 162 esquerda Chris Moore/Catwalking; 169 direita Tim Graham/Getty Images; 170 Sipa Press/Rex Features; 172 esquerda AP/TopFoto; 175 Chris Moore/Catwalking; 176 Martyn Goddard/Corbis; 184 Ken Towner/Associated Newspapers/Rex Features; 191 AP/Press Association Images; 192 Mikel Roberts/Sygma/Corbis; 193 Crollalanza/Rex Features; 195 Ken Towner/Evening Standard/Rex Features; 199 AFP/Getty Images; 205 direita Fairchild Photo Service/Condé Nast Archive/Corbis; 207 acima Stephane Cardinale/People Avenue/Corbis; 209 AFP/Getty Images; 210 Mark Stewart/Camera Press; 211 esquerda Dave M. Benett/Getty Images

Vintage fashion & couture foi publicado originalmente na Grã-Bretanha em 2013 por Mitchell Beazley, um selo da Octopus Publishing Group Ltd, Endeavour House, 189 Shaftesbury Avenue, Londres, WC2H 8JY
www.octopusbooks.co.uk
Uma empresa do grupo Hachette UK
www.hachette.co.uk

Coordenação do projeto: Publifolha
Editora assistente: Fabiana Medina
Coordenadora de produção gráfica: Mariana Metidieri
Produtora gráfica: Samantha R. Monteiro
Tradução: Gabriela Erbetta
Preparação: Kiel Pimenta
Revisão: Laila Guilherme, Cacilda Guerra, Gabriela Caprara
Revisão técnica: Mariana Rocha
Editoração eletrônica: Mos Editorial

Edição original: Octopus Publishing
Publisher: Alison Starling
Editora: Pauline Bache
Editor de texto: Robert Anderson
Diretor de arte: Jonathan Christie
Design: Untitled
Gerente de iconografia: Giulia Hetherington
Iconografia: Claire Gouldstone
Controller da produção: Sarah Kramer

Dados Internacionais de Catalogação na Publicação (CIP)
(Câmara Brasileira do Livro, SP, Brasil)

Taylor, Kerry
Moda Vintage e alta-costura : um panorama de estilistas do século xx, de Paul Poiret a Alexander McQueen / Kerry Taylor ; [tradução Gabriela Erbetta]. – São Paulo : Publifolha, 2014.

Título original: Vintage fashion and couture : from Poiret to McQueen.
Bibliografia.
ISBN 978-85-7914-561-2

1. Moda - História 2. Roupas e vestidos - História 3. Roupas femininas - História I. Título.

14-10251 CDD-391.009

Índices para catálogo sistemático:
1. Moda : História 391.009

Este livro segue as regras do Acordo Ortográfico da Língua Portuguesa (1990), em vigor desde 1º de janeiro de 2009.

Impresso na China

PUBLIFOLHA
Divisão de Publicações do Grupo Folha
Al. Barão de Limeira, 401, 6º andar
CEP 01202-900, São Paulo, SP
Tel.: (11) 3224-2186/2187/2197
www.publifolha.com.br

Kerry Taylor é a mais importante leiloeira de moda e alta-costura vintage do Reino Unido. Quando chegou à Sotheby's, em 1979, foi uma das profissionais mais jovens da história da casa; mais tarde, tornou-se diretora das áreas de colecionadores, vendas temáticas e de celebridades. Em 2003, inaugurou a própria casa de leilões, especializada nos assuntos que adora: roupas e tecidos.

Desde o surgimento da Kerry Taylor Auctions, a empresa foi responsável pela venda de uma coleção de vestidos de Audrey Hepburn (o maior lote que já apareceu no mercado) e das coleções pessoais da honorável Daphne Guinness e das supermodelos Jerry Hall e Marie Helvin. Em 2013, o leilão de dez peças pertencentes a Diana, princesa de Gales, recebeu intensa cobertura da imprensa e atingiu o valor recorde de £ 200 mil (US$ 323 mil) por um vestido de Victor Edelstein que ela havia usado para dançar com John Travolta em 1985.

Kerry atua internacionalmente como consultora têxtil para a Sotheby's, ajuda grandes museus na avaliação de peças e faz parte do conselho do Government's Export Review, no Reino Unido. Aparece regularmente em programas de televisão e é muito consultada pela imprensa em função de seu conhecimento da moda vintage.

www.kerrytaylorauctions.com

Capa e 4ª capa: tailleur arco-íris Thierry Mugler, primavera/verão 1990. (H) *Cocktail dress* vinho e marfim de organza e cetim, Chanel, década de 1950. (L)

p. 2: Vestido longo com estampa de rosas Jacques Fath, primavera/verão 1954.

Sumário, esquerda para a direita: Vestido de seda bordado, Maison Lucile, c.1897. (K) Vestido melindorsa de musselina, c.1928. (H)

Vestido de baile rosa e branco Schiaparelli, primavera/verão 1953. (M) Vestido de damasco cinza Christian Dior, raro, outono/inverno 1949. (U) Vestido preto Yves Saint Laurent para Christian Dior, coleção Algues, primavera/verão 1959, modelo nº 122. (N) Minivestido creme Valentino alta-costura, primavera/verão 1968. (O) Casaco de tapeçaria Biba, década de 1970. (F) Conjunto Valentino alta-costura, outono/inverno 1985. (M) Conjunto listrado Gianni Versace, década de 1990. (J) Vestido Alexander McQueen pré-coleção, outono/inverno 2009. (P)

Códigos de valores

Ao longo do livro, os códigos de valores usados no final das legendas correspondem ao valor aproximado do item. São grandes margens que devem ser vistas apenas como um guia, já que o preço da moda vintage e da alta-costura varia de acordo com a condição da vestimenta, a localização geográfica e as tendências do mercado.

As letras representam as seguintes faixas de valores

A	menos de £ 50 (US$ 75)
B	£ 50 a 100 (US$ 75 a 150)
C	£ 100 a 200 (US$ 150 a 300)
D	£ 200 a 300 (US$ 300 a 450)
E	£ 300 a 400 (US$ 450 a 600)
F	£ 400 a 500 (US$ 600 a 750)
G	£ 500 a 600 (US$ 750 a 900)
H	£ 600 a 700 (US$ 900 a 1.050)
I	£ 700 a 800 (US$ 1.050 a 1.250)
J	£ 800 a 900 (US$ 1.250 a 1.400)
K	£ 900 a 1.000 (US$ 1.400 a 1.500)
L	£ 1.000 a 2.000 (US$ 1.500 a 3.000)
M	£ 2.000 a 3.000 (US$ 3.000 a 4.500)
N	£ 3.000 a 4.000 (US$ 4.500 a 6.000)
O	£ 4.000 a 5.000 (US$ 6.000 a 7.500)
P	£ 5.000 a 6.000 (US$ 7.500 a 9.000)
Q	£ 6.000 a 7.000 (US$ 9.000 a 10.700)
R	£ 7.000 a 8.000 (US$ 10.700 a 12.250)
S	£ 8.000 a 9.000 (US$ 12.250 a 13.750)
T	£ 9.000 a 10.000 (US$ 13.750 a 15.000)
U	£ 10.000 a 15.000 (US$ 15.000 a 23.000)
V	£ 15.000 a 20.000 (US$ 23.000 a 30.500)
W	£ 20.000 a 30.000 (US$ 30.500 a 46.000)
X	£ 30.000 a 40.000 (US$ 46.000 a 61.000)
Y	£ 40.000 a 50.000 (US$ 61.000 a 76.500)
Z	£ 50.000 a 60.000 (US$ 76.500 a 92.000)
AA	£ 60.000 a 70.000 (US$ 92.000 a 107.000)
BB	£ 70.000 a 80.000 (US$ 107.000 a 122.500)
CC	£ 80.000 a 90.000 (US$ 122.500 a 138.000)
DD	£ 90.000 a 100.000 (US$ 138.000 a 153.000)
EE	£ 100.000 a 150.000 (US$ 153.000 a 230.000)
FF	£ 150.000 a 200.000 (US$ 230.000 a 305.000)
GG	£ 200.000 a 250.000 (US$ 305.000 a 385.000)
HH	£ 250.000 a 300.000 (US$ 385.000 a 460.000)
II	£ 300.000 ou mais (US$ 460.000 ou mais)

FORTUNY DÉP
the Ritva man
made in england
BALENCIAGA
10, AVENUE GEORGE V, PARIS
EISA
GIVENCHY
PARIS
HERMES
PARIS
"BOUTIQUE" SPORT
YVES SAINT LAURENT
PARIS
Emilio Pucci
FLORENCE-ITALY
MADE IN ITALY
8
TO BE HAND WASHED
WITH MILD SOAP
MAGGY
ROUFF
Av. des Champs-Elysées
136. PARIS. 136
BALENCIAGA
10, AVENUE GEORGE V, PARIS
GRÈS
RUE DE LA PAIX PARIS
GIANNI
VERSACE
COUTURE
100% SETA
Christian Dior
PARIS
MALCOLM MCLAREN
VIVIENNE WESTWOOD
SEDITIONARIES
PERSONAL COLLECTION
CHANEL
BOUTIQUE

MADE IN FRANCE
YVES SAINT LAURENT
rive gauche
PARIS
Jean Dessès
Avenue Matignon . PARIS
Reville & Rossiter Ltd
15 Hanover Square W.
LIBERTY. PARIS
3 Bd DES CAPUCINES
Jeanne Lanvin PARIS
22, FAUBOURG St HONORÉ
ALIX
Mme Wengeroff
St PETERSBOURG
ORIGINAL
Lucile Ltd
11, rue de Penthièvr
PARIS
PAUL POIRET
a Paris
Mr. Fish
17, CLIFFORD STREET
LONDON, W.1.
SEX
430 KINGS
MADE IN FRANCE
COUTURE
GIVENCHY
PARIS
7HG 7325720480
40
TISSUS 7HG0004
NOIR
BLACK
CHANEL
BALENCIAGA
10, AVENUE GEORGE V, PARI